Béla Bernstein

Die Schrifterklärung des Bachja b. Ascher ibn Chalâwa und ihre Quellen

Béla Bernstein

Die Schrifterklärung des Bachja b. Ascher ibn Chalâwa und ihre Quellen

ISBN/EAN: 9783337736903

Hergestellt in Europa, USA, Kanada, Australien, Japan

Cover: Foto ©ninafisch / pixelio.de

Weitere Bücher finden Sie auf **www.hansebooks.com**

Die Schrifterklärung

des

Bachja b. Ascher ibn Chalâwa

und ihre Quellen.

———◄►►◄────

INAUGURAL-DISSERTATION

BEHUFS

ERLANGUNG DER DOCTORWÜRDE

EINGEREICHT DER

HOCHLÖBL. PHILOSOPHISCHEN FACULTÄT

DER

UNIVERSITÄT LEIPZIG

UND MIT IHRER GENEHMIGUNG VERÖFFENTLICHT

von

BELA BERNSTEIN.

———◄◦►⊛◄◦►———

BERLIN,

Druck von H. Itzkowski, Gr. Hamburgerstr. 18-19.

Dem theuren Andenken

seiner unvergesslichen, guten

Mutter

in kindlicher Pietät

gewidmet

vom Verfasser.

Einleitung.

Den Ausgleich zwischen der Offenbarungslehre und dem Aristotelismus zu bewerkstelligen, unternahm der grosse Maimonides. Er suchte das Judenthum philosophisch zu erforschen, um so eine Versöhnung zwischen Philosophie und Religion zu bewirken; sein kühner Gedanke rief aber eben das Gegentheil, einen erbitterten Kampf zwischen den beiden, in's Leben. In zwei Lager theilten sich die Gelehrten des Judenthums; der glanzvolle Name des Maimonides war für das eine das Banner, unter welchem für Philosophie und freie Forschung gekämpft werden sollte, das andere hielt ihn für ein Bollwerk, gegen das man im Namen der Religion schonungslos anstürmen müsse[1]). Inmitten dieser lange währenden Kämpfe erhebt sich neu, in verstärkter Form, als Opposition gegen die unumschränkte Vernunftforschung[2]), eine Wissenschaft, deren Triebfeder der unüberwindliche Hang zum Mysticismus war, welcher von der Philosophie allein nicht befriedigt werden konnte, wir meinen die Kabbala[3]). Sie nahm zu den Mitteln philosophischen

---

[1]) Ueber den Streit der Maimunisten und Antimaimunisten, oder besser der Anhänger und Gegner der Philosophie s. Geiger, Wiss. Zeitschrift V, S. 99—128; J. Perles, Salomo b. Abraham ibn Addereth. Grätz, Geschichte VII, 81 ff.

[2]) Die Hauptgegner des Moreh waren Kabbalisten; s. Jellinek, Moses b. Schemtob etc., Leipzig 1851, S. 14, auch Munk-Beer, Philosophie und philos. Schriftsteller S. 67.

[3]) In Bezug auf die Entstehung der Kabbala vgl. Frank-Jellinek

Denkens die freie Phantasie hinzu, um mit ihrer Hilfe zu einer entsprechenderen Lösung der wichtigen Fragen über Gott, Welt und Menschenschicksal zu gelangen. Sie zählte bald tüchtige Denker zu ihren Vertretern, und am Ende des XIII. Jahrhunderts hatte sie bereits eine grosse Anhängerschaar erworben¹). Fast auf allen Gebieten der Wissenschaft machte die Kabbala ihren Einfluss geltend, insbesondere aber auf dem Gebiete der Schriftauslegung. Klar zeigt uns diese Erscheinung eine hervorragende Gestalt dieser Periode; den Spiegel der damaligen Zeitbildung, welche hauptsächlich das spanische Judenthum beherrschte, zeigt uns die Schrifterklärung des Bachja ben Ascher. Bachja ist Kabbalist mit voller Seele, aber nicht nur Kabbalist. er war gleich wohlvertraut mit der zeitgemässen Philosophie, jedoch finden sich bei ihm philosophische Bildung und kabbalistischer Mysticismus fortwährend getrennt von einander, und indem er sich einerseits in Buchstaben- und Zahlendeutungen verliert, bewahrt er andererseits Sinn und Verständniss für schlichte Exegese. Zwar suchen wir bei ihm vergebens eine Schriftauslegung von der Nüchternheit, wie sie der scharfsinnige Abraham ibn Esra gab; wir finden in ihm auch nicht den tiefen Denker, der sich uns in dem grossen Nachmanides offenbart, welcher in seinem Pentateuch-Commentar trotz aller Mystik die herrlichen Früchte eines klaren Geistes aufhäufte; wir sehen vielmehr in Bachja einen reproduktiven Denker, der sich mit Gründlichkeit in die Gedankenwelt vergangener Zeit vertieft, mit wahrem Ameisenfleisse die Leistungen früherer Geschlechter durch-

---

die Kabbala o. die Religionsphilosophie der Hebräer, Leipzig 1844 S. 47 ff. Joel, D. H. die Religionsphilosophie des Sohar, Leipzig 1849 S. 17—45 und die von beiden verschiedene Ansicht, die der Kabbala jedes höhere Alter abspricht, der wir uns aber nicht anschliessen können, s. Grätz, Geschichte VI, S. 65 f und Note 8.

¹) Wir verweisen im allgemeinen auf die Schriften Jellinek's Beiträge zur Geschichte der Kabbala I, II, Leipzig 1852, die wir der Kürze halber mit „Btr." bezeichnen werden

forscht und dieselben mit richtigem Verständnisse für seine
Zwecke verwendet, dabei aber auch Selbstständiges zu
leisten vermag. Sein Pentateuch-Commentar weist keine
Entwickelung der Exegese auf, zeigt vielmehr einen Rück-
schritt im Vergleiche mit der früheren Periode. Bachja ist
in einem Irrthume befangen, der ihn zu seiner eigenartigen
Schriftauslegung führte, der aber, wie wir sehen werden
nicht sein Fehler ist, sondern in seiner Zeit den Entste-
hungsgrund hat. Und eben hierdurch gewinnt der Pentateuch-Commentar Bachja's an Bedeutung und Interesse für
die Geschichte der Exegese, denn derselbe blieb einzig in
seiner Art in der ganzen jüdischen Literatur. Bevor wir
jedoch zur ausführlichen Darstellung dieser Behauptungen
schreiten, wollen wir kurz das Leben und Wirken Bachja's
betrachten, nach den spärlichen Angaben, welche uns seine
Schriften darüber bieten.

I. Leben und Wirken.

Bachja[1]) ben Ascher[2]) ibn Chalâwa[3]) wurde gegen

---

[1]) Nicht Bechai, wie der Name בחיי gewöhnlich ausgesprochen
wird und noch von Steinschneider (Catal. der Bodlejana) und Anderen
beibehalten wird. Jellinek, Vorrede zu ed. Benjacob der Herzens-
pflichten S. VII schlägt „Bechaji oder richtiger Bachji" vor. Bei
spanischen Autoren wird der Name Bahje transscribirt und daher
auch Munk (Mélanges 482, 8), wie Kaufmann (die Theologie des
Bachja ibn Pakuda, Anf.) diese Umschreibung annehmen, die wohl
die richtige sein wird und noch mit der Analogie האיי-Haya zu
unterstützen ist. Ueber die Träger des Namens s. Zunz, Addit. in
Cat. Leipzig S. 318, zu Cod. XXI.

[2]) Nicht etwa Sohn des Ascher ben Jechiel, wie dies עמר השכחה
Livorno 1847 S. 137b behauptet, (worauf mich Herr Dr. Berliner aufmerksam machte), da Bachja schon 1291 seinen Commentar verfasste,
während Ascheri (gew. ראש) erst später nach Spanien kam.
Ueber den Vater Bachja's wissen wir nichts. Num. 12, 4 theilt B.
eine Erklärung unter folgender Ausführung mit: מספי א"א ר' נתן ז"ל;
wenn die Abbreviatur richtig in אבי אכא aufzulösen ist, wäre R.
Nathan sein Grossvater, von dem wir jedoch auch nichts Näheres
wissen. (Aehnlich will Neubauer, Allg. Ztg. d. Judenthums 1868,
S. 898 א"א im Commentare des Abraham b. Maimuni, auflösen).

Mitte des XIII. Jahrhunderts[4]) zu Saragossa[5]) geboren. Von seiner Jugend und Entwickelung wissen wir nichts, nur so viel erfahren wir durch seine eigene Aussage, dass er Schüler des berühmten Talmudgelehrten Salomo ibn Adreth[6]) gewesen und so konnte er sich frühzeitig die Verehrung für die Kabbala und die Bedenken gegen die Philosophie aneignen. Seine literarische Wirksamkeit wandte B. einem ganz anderen Gebiete, als sein grosser Lehrer,

Kirchheim in s. Skizze über Bachja (Geiger, Jüdische Ztschr. IX, S. 142) hält es für eine Corruptel des Namens seines Vaters, was noch weniger angeht, als Geiger's Vermuthung (das.), es sei dies der Name des Lehrers Bachja's. Dies ist schon darum nicht wahrscheinlich, da es B. sonst sagen würde, wie bei Salomo ibn Adreth. (S. w. u.)

[3]) So lautet der Familienname in der Grundschrift der Vaticana Cod. 249: שלחן של ארבע חברו החכם רבינו בחיי בר אשר אבן חלאוה זלה״ה wie mir dies Herr Dr. Berliner brieflich mitzutheilen die Güte hatte. Isak ibn Akrisch schreibt in der Vorrede zu שלשה פירושים (ed. Constantinopel, s. a.), er besitze von Mose חלאוה einen Commentar zum Hohenliede. Dieser Mose (s. über ihn: Hebr. Bibl. XIII, S. 97) aber sei, nach der Angabe des Juda Chaláwa aus Damaskus, der Enkel des B. gewesen. חלאיו und תאלאיו ist der Name in einer op. Handschrift geschrieben (Steinschneider, Cat. Bodl. 4525).

[4]) Es liesse sich das Jahr näher bestimmen, wenn folgende Vermuthung zutrifft: In der Einleitung zu s. Pent.-Commentar sagt B.: וחז״ב אשר לא טהור מטרדת הזמן ואין לו פנאי איך יטהר לבא קדש לפנאי; es könnte das bezeichnete Wort והל״ב, welches ed. Venedig 1544 und Krakau 1592 so haben, B.'s Alter 43 Jahre sein, als er seinen Commentar (1291) verfasste; sein Geburtsjahr also 1248 sein. Wie mir jedoch Herr Dr. Neubauer aus Oxford mitzutheilen die Freundlichkeit hatte, ist in der Handschrift daselbst das Wort והלב nicht bezeichnet; trotzdem ist es möglich, dass die genannten Ausgg. ihre Angabe aus einer richtigen Vorlage haben.

[5]) Bachja selbst giebt nirgends den Namen seines Wohnortes an, aber sämmtliche jüdischen Historiker bezeichnen Saragossa als seinen Geburts- und Aufenthaltsort, mehr wissen auch sie über ihn nicht zu berichten. Vgl. Juchasin compl., ed. Filipowski, S. 222; Kore hadoroth, ed. Venedig 1746, S. 24b; Schalscheleth hakabbala ed. Venedig 1587, S. 58; Seder hadoroth, ed. Karlsruhe, S. 138; Schem hagedolim, s. v.

[6]) Siehe Abschnittt V, Quellen der Exegese B.'s.

zu. Als literarischen Hauptzweck betrachtete er die Schriftauslegung, zu der er seine verschiedenartigsten Kenntnisse
gut verwenden konnte. Unter dem mächtigen Einflusse
Nachmani's⁷) wandte er sich mit grossem Eifer der damals
schon verbreiteten Kabbala zu und er wurde zu einem ihrer
Hauptvertreter. Direct kabbalistische Werke hat er jedoch
nicht verfasst, sondern seine dies betreffenden Ansichten
und Lehren in seinen exegetischen und zum Theile auch
in seinen ethischen Schriften niedergelegt. Er wirkte in
seiner Vaterstadt als Darschan und, durchdrungen von
sittlich-religiösem Geiste belehrte er seine Gemeinde in eifer-
vollen Vorträgen⁸). Seinen Beruf noch mit Anderen theilend,
zeichnete er sich durch Sanftmuth und Bescheidenheit aus;
er gewährt bereitwillig den Vorrang Anderen, die vielleicht
mit ihm auf gleicher Stufe gestanden⁹). Er ermahnt auch
seine Mitbrüder zu Demuth und wahrer Bescheidenheit,
stets die rechte Grenze zu bewahren, fern von Hochmuth
zu bleiben, aber deshalb nicht in erniedrigende Kriecherei
zu verfallen¹⁰). Indem er der gebührenden Achtung der
Gemeinde gegenüber nie vergisst¹¹), lässt er es andererseits an scharfen Mahnworten nicht fehlen, um die sittlichen und religiösen Gebrechen seiner Glaubensgenossen zu
geisseln. Und wahrlich er hatte genügend Stoff und Gelegenheit dazu, besonders in religiöser Hinsicht. „Offen müssen
wir — sagt er einmal — unserem tiefen Schmerze Ausdruck verleihen, dass in unseren Tagen der Sabbath
öffentlich entweihet wird, während Andersgläubige ihre Feste
streng und gewissenhaft feiern. Schande und Schmach ist

---

⁷) Das.

⁸) Dass B. an Sabbath- und Festtagen öffentlich Homilien ab-
hielt, beweisen mehrere Stellen in s. Kad hakemach. S. 162 b: נסכך על
זכיות הקהל שיגיעו בעדנו ויהיו עם פי להגיד להם מעט דברי תורה, ferner
S. 95 b und die folg. Anm.

⁹) Mkr. S. 180 b: ואלו השכלתי לא חייתי מְדַבֵּר; ähnl. S. 162 b.

¹⁰) Das. 44 a.

¹¹) Das. S. 158 c: יש לי לנהג כבוד ואימה בציבור שלא לְדַבֵּר אלא ברשות.

dies für uns, und die Richter und Führer in Israel ver-
schliessen noch ihr Auge vor solcher Missethat."[12]) Bald
wieder ermahnt er die Vorsteher der Gemeinde ihrer Pflicht
eingedenk zu sein und auf den Unterricht der Kinder zu
achten[13]). Scharf tadelt er den Missbrauch, dass gar Viele
in der Synagoge, die Heiligkeit des Ortes nicht achtend,
laut wie auf offenem Markte Gespräche führen[14]), dass
Viele sich den wichtigsten Geboten gegenüber gleichgültig
verhalten und dieselben vernachlässigen[15]). Zur Verdammung
der argen Sünde der Verläumdung findet er nicht genug
Worte[16]), denn er will seinen Glaubensgenossen die Lehre
des Judenthums in ihrer wahren Erhabenheit und Reinheit
beibringen. Er belehrt sie, dass nicht die Werkthätigkeit
das Wesen der Religion sei, sondern die innige Liebe zu
ihr[17]). Dass auch die Andersgläubigen als Brüder betrachtet
werden müssen und dass es ebenso sündhaft und verwerflich
sei, sich gegen dieselben als unredlich zu erweisen, wie
Glaubensgenossen gegenüber; ja noch sträflicher, denn dies
führt zur Blosstellung der Ehre des Judenthums[18]).

Während er sich aber mit der Gotteslehre und der
Verbreitung ihrer Ideen beschäftigt, seiner Gemeinde als
Lehrer und religiöses Oberhaupt vorsteht, darbt er und
seine Familie in Elend und Armuth, selbst das Nöthigste
entbehrend[19]). Auch Schicksalsschläge, über die wir nichts
Näheres erfahren, erschweren sein Leben und erpressen

---

[12]) Das. 176b.
[13]) Das. 192a.
[14]) Das. 7b und 85a.
[15]) Das. S. 197b und 193
[16]) Das. 97b.
[17]) Das. 8b und 180a.
[18]) Das. 87a. Ebenso lehrt er (S. 173a) die Heiligkeit des
einem Andersgläubigen geleisteten Schwures; vgl. auch seine Auslegung zu Ex. 20, 15.
[19]) Einl. z. Pent.-Comm. אין כרכל בצקלוני ולחם ושמלה בביתי und
noch g. Ende. . . ואיך יצמח עצב אוכל לחם העצבים או איך שבע רוגז.

seinen Lippen bittere Klagetöne[20]). Aber sein innerer Trieb
ist mächtiger, als die äusseren, trüben Verhältnisse, und
trotz seiner traurigen Lage geht er mit Hingebung an die
Ausarbeitung seines umfangreichen Pentateuch-Commentars,
in dem er sein reiches Wissen niederlegte. Dieses Werk
verschaffte ihm einen guten Namen bei seinen Glaubensgenossen[21]), bewahrte ihm mit seinen übrigen Schriften ein
ehrenvolles Andenken bei der Nachwelt, die durch ihn über
werthvolle Schriften Kunde erhielt, welche sonst fast ver-
schollen wären[22]). In hohem Alter starb er im Jahre
1340[23]).

II. Die Schriften Bachja's.

1. ספר האמונה והבטחן: Das Buch über Glauben und
Vertrauen[1]). Dies ist eine kabbalistisch-exegetische Schrift,
deren Inhalt durchaus nicht dem Titel entspricht[2]). Nur
das erste Capitel handelt über Glauben und Vertrauen und

---

[20]) Das. g. Ende עיף חובא כבור נסיון חצרות וחסקרים.

[21]) Juchasin compl. a. a. O. זח הספר יצרא שטו בכל העולם.

[22]) So z. B. gewinnen wir von R. Chananel's verlorenen Pent.-
Commentar nur durch B.'s zahlreiche Anführungen ein möglichst
klares Bild; s. w. u. Abschnitt V. Das. auch die zahlreichen
Varianten zu Targum u. Midrasch.

[23]) S. Jellinek, in Frank: Die Kabbala S. 292.

[1]) Auch שער אמונה und פרקים על האמונה betitelt (s. Steinschneider
Cat. Bodl. 6532, 81); in den Münchener Hdd. Cod. 87: ספר חא' וחב',
Cod. 357ᵇ jedoch כ'ד פרקים überschrieben. (S. Steinschneider. Cat.
der hebr. Hdss. in München). Bei Seder hadoroth a. a. O. heisst
das Buch ס' אמונה und das hinzugefügte Wort קבלה soll wohl auf
seinen Inhalt hinweisen. Vielleicht durch diese Angabe verleitet
bemerkt Kirchheim (a. a. O.): Es bleibt zu ermitteln übrig, ob
das Büchlein mit einem Sefer Emuna in der Opp. Bibl. identisch
sei. Wie Herr Dr. A. Neubauer auf meine Anfrage mir mittheilte, ist
das ס' האמונה in der Bodleiana (Steinsch. Cat. 3408 nicht näher
beschrieben) eine Polemik gegen das Judenthum, daher mit unserem
Buche absolut nicht identisch.

[2]) Dieser Umstand, wie die vielen verschiedenen Titel bestätigen
Reifmann's Vermuthung (המגיד, Jahrgang 1861, S. 222), dass der
Titel ס' חא' וחב' nicht vom Verfasser herrühren könne.

ihr Verhältniss zu einander; die übrigen 25 Capitel be-
sprechen verschiedene Themata. So handeln sie über die
verschiedenen Gottesnamen (C. 2, 3, 4), das Gebet (C. 5),
die Segenssprüche bei der Mahlzeit (C. 7, 8), einige über
die Erzväter und schliessen (C. 24—26) mit Ausführugen
über die 12 Stämme Israels. Das Büchlein ist keineswegs
Nachmani zuzuschreiben[3]), wie dies die Handschriften und
Ausgaben thun[4]), sondern gehört ohne Zweifel Bachja an,
wie dies schon Reifmann zu erweisen suchte[5]). Denn ausserdem, dass mehr als 20 Stellen des Buches sich in den
übrigen Schriften Bachja's wörtlich oder wenigstens dem
Sinne nach wiederfinden lassen, begegnen uns hier auch die
charakteristischen Ausdrücke und Wendungen Bachja's, die
gewiss ihm angehören und nicht entlehnt sein können[7]).

---

[3]) Wie dies Jellinek (Btr. I, 40 ff), der aber zu keinem richtigen
positiven Ergebnisse gelangte, klar bewiesen hat. Falsch ist daher
die Ansicht Perles, Mtsschr. VII, S. 92.

[4]) Codd. 87 und 357[3] in München, wo nach Steinschneider's
Angabe der Name Nachmani's als Autor von einer späteren Hand
hinzugeschrieben wurde. Diese falsche Angabe haben auch die
Ausgg.; wir benutzen ed. Venedig, 1601 in dem Sammelbande ארזי
לבנון und werden der Kürze halber das Werk unter „Gl. u. Vtr."
anführen.

[5]) Hamaggid a. a. O.

[6]) Zu den von Reifmann beigebrachten Beweisstellen können
wir noch folgende hinzufügen, auf deren Parallelen in den andern
Schriften B.'s immer hinweisend. Gl. u. Vtr. S. 7a == Pent.-Comm.
Gen. 32, 8 (warum sich Jakob vor Esau fürchtete); 116 eine
charakteristische Ansicht B.'s, dass die Thora schon vermöge ihres
unpunktirten Textes mehrere Auslegungen zulasse, findet sich zu
Lev. 10, 3, Num. 11, 15, Deut. 7, 2; 16b = Gen. 15, 14, dass die
430 Jahre ägyptischer Knechtschaft (Ex. 12, 40) von Abraham's
70. Jahre an zu rechnen sind. Das 1. Cap. des Buches findet sich fast
wörtlich in anderer Anordnung in B.'s „Mehlkrug", ed. Warschau 1878
S. 26 ff; ferner 8b und 9a — Mkr. S. 83a.

[7]) Die Wendung nach einer Digression לעניננו ונחזור Gl. u. Vtr.
S. 10a, 16b u. s. = Ex. 20, 7; die übliche Einführung der ver-
schiedenen Erklärungen השם דרך על, הקבלה ע״י, wie ständig im Pent.-
Commentare. Die Exhortationen bei den kabbalistischen Deutungen

Ebenso hat das Buch mit den anderen Werken B.'s die
Art gemein, Erklärungen in Frageform zu geben und zwar
mit denselben Formeln eingeleitet; ferner das häufige Hinweisen auf später zu gebende Erklärungen und das noch
häufigere Zurückweisen auf bereits gegebene. Das Büchlein
hat B. gewiss v o r seinem Pentateuch-Commentar verfasst.
Es enthält zahlreiche Erklärungen, welche später in den
Commentar hinübergenommen und weiter ausgeführt wurden[8]). So wird es auch verständlicher, dass Recanati das
Buch benutzen konnte, da derselbe seine Schriften nach
1290 verfasste[10]) und das mehrere Jahre früher geschriebene
ס' האמונה והבמחון sehr wohl zur Zeit schon nach Italien gelangt sein konnte. Eine Anführung des Pentateuch-Commentars im 2. Capitel des Buches, wie sie Kirchheim zu
finden glaubte[11]), beruht auf einen Irrthum, den der Text
der Ausgabe verursachte und der durch die Leseart der
Handschriften einfach beseitigt wird[12]). Auffallend bleibt
nur, dass der Lieblingsautor Bachja's, Nachmani, in dem
Buche nicht einmal genannt wird[13]).

S. 10b: ותן רעתך להבין = Ex. 2, 23; 14a וקנה לך לב חכם להבין =
Gen. 2, 4 u. s.

[8]) S. w. unten beim Pent.-Comm.

[9]) Z. B. S. 9a: die Polemik gegen die Trinität, weiter zu
Deut. 6, 4; 17b warum Jakob die Stäbe an die Tränkrinnen legte
Gen. 31, 10f; 22a = Ex. 3, 6; 23b: das erste der zehn Gebote, zu
Ex. 20, 1; 26a kurz das, was zu Ex. 23, 20 näher erörtert wird.

[10]) S Jellinek. Btr. II, 43: Ueber die Benutzung des ס' הא
ובח durch Recanati und das. S. 69 über die Zeit der schriftstellerischen
Thätigkeit des Letzteren.

[11]) Geiger, Jüd. Ztschft. IX, S. 148.

[12]) Cap. 2 Anfang heisst es nämlich in den Ausgg.: כי מפורש
יותר ככל אלה בפרשת שלח לך על מ"ש יכלת. Kirchheim scheint die Ab-
kürzung מ"ש in מה שכתבתי aufgelöst zu haben, die beiden Münchener
Hdss. lesen jedoch: כי גם יותר מכל אלה בם' שלח לך לבד מה שאמרו יכולה.
B. verweist also nicht auf seinen Commentar. sondern auf Erklärungen
Anderer. Zu Num. 14, 16 führt er zu dem Verse die Ansicht des R.
Simeon an. Diese, wie noch andere Notizen aus den Münchener Hand-
schriften verdanke ich der Güte des Herrn Dr. Josef Perles daselbst.

2. חשן משפט: Der Brustschild der Entscheidung. Diese Schrift B.'s ist verloren gegangen; nach seiner einmaligen Anführung derselben zu schliessen, behandelte sie ausführlich das Wesen und die Stufen der Prophetie[14]). Möglicherweise enthielt sie auch Erklärungen verschiedener Bibelstellen, ähnlich der vorherbesprochenen Schrift.

3. ביאור על התורה: Commentar zum Pentateuch. Dieser umfangreiche Commentar ist das bedeutendste Werk B.'s, dem wir auch unsere Aufmerksamkeit vorzüglich zuzuwenden haben. Seine Ausarbeitung wurde von Bachja im Jahre 1291 begonnen[15]), und, wie aus dem Commentar selber zu ersehen ist, in ungestörter Ordnung nach der Reihenfolge der Perikopen zu Ende geführt. Ohne unserer eigentlichen Ausführung vorzugreifen, müssen wir zur Charakteristik der Anlage des Commentars bemerken, dass Bachja in demselben vier Arten der Schriftauslegung zur Anwendung bringt. Die Erklärungen nach den verschiedenen Auslegungsweisen werden stets unvermittelt, durch inneren Zusammenhang nicht verknüpft, an einander gereiht, gewöhnlich mit den üblichen Ausdrücken erkenntlich gemacht, häufig aber auch ohne jede besondere Bezeichnung. Die gewohnte Reihenfolge ist פשט משט. מדרש, שכל und קבלה oder einfache, agadische, philosophische und kabbalistische Auslegung. In den wenigsten Fällen jedoch haben alle vier ihre Anwendung, meist finden wir einzelne derselben[16]). Um Wiederholungen zu vermeiden

---

[13]) Ueber die im Gl. u. Vtr. angeführten Autoren, die auch für die Autorschaft B.'s zeugen, s. Abschnitt V.

[14]) Deut. 33, 8, nachdem er die 4 Stufen der Prophetie besprochen, sagt er: ואין להאריך בכאן כי כבר הזכרתי כל זה בארוכה בס׳ חשן משפט.

[15]) Gen. 2, 3: יום ששי כנגדו האלף הששי שיש לנו היום חמשים ואחת שנה d. i. 5051 nach Schöpfung der Welt = 1291 n. d. g. Ztr.

[16]) Alle vier Arten der Erklärungen, von B. דרכים benannt, finden sich nur Gen. 2 4, 9. 23, 11. 4, 17. 13, 28. 12, 39. 25; Ex. 3. 14, 20. 8, 20. 12, 24. 10, 25. 10, 30. 14; Lev. 6. 1, 10. 1, 19, 23, 23. 40; Num. 23. 4, 28. 7; Deut. 6. 4, 8. 10, 21. 11, 22. 7. Gewöhnlich nur zwei: פשט und מדרש oder פשט und קבלה. Sehr oft auch drei, Pschat, Midrasch und Kabbala, selten Pschat, Midrasch

verweist B. stets auf die bereits gegebenen Erklärungen und hält wieder manchmal mit einer Auslegung zurück, um sie an einem passenderen Orte vorzuführen. Dessenungeachtet wird er nicht selten weitläufig; oft lässt er die Midrasch-Auslegung zu weiten Raum gewinnen und führt häufig die Ansichten der verschiedenen Autoren in extenso an. Dadurch, wie schon in Folge seiner Methode wird der Umfang seines Commentars sehr erweitert, eine Thatsache, deren sich B. wohl bewusst ist[17]). Trotzdem ist der Commentar nicht geeignet, durch seine Breite für den Leser lästig zu werden. Seine Vortragsweise ist befriedigend, ja erhebend und gewinnt durch die dialektische Form der Erklärungen eine gewisse wolthuende Lebhaftigkeit[18]). Interessant und lehrreich machen den Commentar die Einleitungen zu einer jeden Perikope, wo B. mit der Erklärung eines Verses der Proverbien anfängt und geschickt und treffend den logischen Uebergang zu den Worten der Schrift findet[19]). Seine Ausdrucksweise ist, von manchen kabbalistischen Stücken abgesehen, ungekünstelt und klar. Seine Sprache ist vorwiegend das Neuhebräische; sie verleugnet aber den Spanier nicht, wird oft musivisch und erhebt sich einigemal zum Makamenstil[20]). Der Pentateuch-Commentar Bachja's fand auch vermöge dieser seiner Eigenschaften bei der Nachwelt genügende Würdigung und wurde besonders dem kabbalistischen XVI. Jahrhunderte zum Lieblings-

---

und Sechel. Manchmal nur eine: Gen. 14. 14, 24. 42, 31. 46, 45. 28: Ex. 10. 7, 19. 2: Deut. 29. 22, 32. 4, 33. 8 nur Pschat.

[17]) Einl. z. Pent.-Comm.

[18]) Die üblichen Formeln sind regelmässig die folgenden: Gen. 6. 14: והתשובה בזאת :וכאן; 12. 17 ויש לשאול; 13. 19; ואולי תשאל ועריין יש לשאול ונראה und die Antwort יש לומר; Ex. 24. 11: ויש לומר :יש לתמה ויתכן לפרש — אני תמה; Lev. 8 9: הא למדת; Num. 14. 18: יש לומר :לי; Gen. 6. 14 und Ex. 34. 7 die eigenthümliche Formel: וכאן הבן שואל; ähnliche Formeln noch sonst im Commentare, einige derselben auch im ס' האמונה והכט.

[19]) Ueber die Erklärung der Proverbien bei B., s. Abschnitt VI.

[20]) So z. B. Gen. 1, 1; Ex. 20. 17: Lev. 1. 9; Num. Ende.

studium⁸¹). Der Text der Ausgaben ist ziemlich korrekt, lässt aber gleichwol Manches zu wünschen übrig und zeigt ausserdem an fünf Stellen kleinere Lücken²²). Dieselben rühren aber nicht von der Censur her, da sie auch in den Handschriften und demzufolge auch in der editio princeps sich finden²³).

4. כד הקמח: Der Mehlkrug. Unter diesem Titel ist uns ein ethisches Werk des B. erhalten, welches in 60 Abschnitten in alphabetischer Ordnung das religiöse Leben und seine verschiedenen Fragen in leichtfliessendem Hebräisch bespricht²⁴). Diese werthvolle Schrift B.'s kommt für seine

---

²¹) Wie dies die rasch auf einanderfolgenden Ausgg. ed. princeps Neapel 1492, Pesaro 1507, 1514, Rimini 1524, Venedig 1544, 1546, 1566 alle Fo., Riva di Trento 1559 4⁰, Krakau 1552, 1610 Fo., Amsterdam 1726 4⁰ und sonst (s. Steinschneider, Cat. Bodl. 4525 u. Zedner, Cat. des British Museum s. v. Bahje), wie auch die Supercommentare (s. Abschnitt X) klar beweisen.

²²) Zu Anf. der Perikope ויצא ist der Commentar, durch das Fehlen einzelner Wörter, 24 Zeilen hindurch unverständlich; Gen. 28.12 fehlen zwischen dem unverständlichen Satze ועוד שהזכיר בהם בשרם und בגביהם ולשון בשרם כי (statt dessen die Hdschr. in Oxford folgendes hat: ועוד שהזכיר בהם ומעשיהם להורות שהם מקבלים המעשה ועוד שהזכיר und dem folg. והחכם בן תבון ז'ל כ' (בחם לשון כשר)הו 4 Zeilen, nach 6 gedruckten wieder 2; ferner Num. 4. 17 zwischen den Worten מלכות ירמח und כך ישראל במדבר ebenfalls 2; Deut. 23. 31 mehrere Wörter und Deut. 32. 21 abermals 4 Zeilen. Da ausser der Hdschr. in Oxford (vgl. Catal. der hebr. Mscc. in Oxford von A. Neubauer, No. 275) die sich nur über Genesis und Exodus erstreckt und nicht zu erlangen war, keine andere bekannt ist, mussten wir uns auf die gedruckten Texte stützen. Wir verglichen die Ausgg. Pesaro 1514, Venedig 1544 und Krakau 1592.

²³) In der Handschrift zu Oxford, über die ich meine Daten der Güte des Herrn Dr. A. Neubauer verdanke, ist der Text an den zwei Stellen in Genesis ebenso lückenhaft. Auch in der ed. preps. finden sich die Lücken zufolge ihrer Vorlagen, wie dies der Correktor derselben Salomo b. Perez Bonfoi sagt; s. Cat. der Rosenthal'schen Bibliothek, יודע ספר S. 41.

²⁴) Das Werk heisst überall כד הקמח; nur bei David Gans (צמח דוד ed. Frankfurt a. M.) wird es ס' הדרשות genannt, welcher Titel theilweise auch berechtigt ist. Es wurde sehr oft aufgelegt (s.

Exegese nächst dem Pentateuch-Commentar in Betracht,
da er darin zahlreiche Stellen, ja fast ganze Bücher der
heil. Schrift erläutert. Als Quellen dienen ihm hierbei
dieselben Schriften, die er in seinen früheren Schriften benutzt hatte. Ueber göttliche Fürsorge handelnd, führt er
uns das ein gleiches Thema behandelnde Buch Job nach
dem Commentare Nachmani's vor[25]). Vom Versöhnungstage
sprechend, giebt er die Erläuterung des Buches Jona im
Ganzen und Grossen nach der Auslegung des Abraham b.
Chijja in dessen הגיון הנפש [26]), mitunter auch eigene Erklärungen damit verwebend. Im Abschnitte „Purim" kommt
er, wie sehr natürlich, auf das Buch Esther zu sprechen
und theilt im Auszuge die Erklärung Ibn Esra's als einfache Auslegung, die Raschi's als agadische und als dritte
Auslegungsweise eine astrologische Erklärung mit[27]). B.
hat diese seine Schrift nach dem Pentateuch-Commentar
verfasst, wie dies aus der bestimmten Anführung desselben
hervorgeht[28]). Zahlreiche Stellen entnimmt er jedoch seinem
Commentar, ohne es für nothwendig zu halten, auf denselben hinzuweisen[29]), wie es eine charakteristische Eigenthüm-

Steinschneider. Cat. Bodl. 4525. 14), zuletzt in Lemberg 1880, be-
sorgt durch Ch. Breit nach den Handss. in Oxford und Parma, aber
bedauerlicher Weise nur bis zum Buchstaben מ. Wir citiren daher
nach ed. Warschau 1878 und zwar unter „Mkr."

[25]) S. weiter, unter שבע שמחות.
[26]) Diese Quelle, auf welche bereits N. Brüll, Jahrbücher II,
S. 166 aufmerksam macht, benutzt B. auch anderswo, ohne sie zu
nennen (s. Abschnitt V).
[27]) Mkr. S. 144—149.
[28]) Mkr. S. 88a: כבר זכרתיו בפירוש התורה במקומו ואין לחאריך
בחבור זה weist auf die Num. 6. 28 gegebene Erklärung hin; S. 95a:
כבר ביארתי זה בפרשת אחרי מות auf Lev. 16. 80. Hiernach ist zu
berichtigen: Kaufmann, Die Sinne etc. (Budapest 1884), S. 75,
A. 76 und S. 142, A. 8.
[29]) Um nur einige Stellen aus den vielen hervorzuheben, vgl.
Mkr. S. 80b = Ex. 88. 18; 84a = Lev. 22. 24; 43a = Lev. 4. 22;
42b = Lev. 9. 24; 52a = Ex. 10. 8; 82a = (wörtlich) Deut. 6. 4;
113b = Ex. 24. 11; 60a und 117a = Ex. 82. 15; 151a = Ex. 22.24;
173a = Ex. 20. 8; 185b = Ex. 20. 16 u. s.

lichkeit der mittelalterlich-jüdischen Schriftsteller ist, einmal
bereits veröffentlichte Ansichten, oft gar in der ursprüng-
lichen Form, zu wiederholen [30]). Wie wir bereits bemerkten [31]),
enthält der Mehlkrug mehrere thatsächlich abgehaltene
Homilien, die aber bei der Aufnahme in denselben gewisse
Aenderungen erfuhren.

5. שלחן של ארבע: Der Tisch der vier Mahlzeiten [32]).
Ein kurzes, ethisches Werk, das vorzüglich warnen soll,
nicht den sinnlichen Genüssen nachzustreben und dadurch
Gott zu vergessen, sondern beim Geniessen der irdischen
Güter sich stets des Spenders derselben mit Preis und
Dank zu erinnern. Deshalb behandelt es hauptsächlich die
religiösen Verhaltungsmassregeln bei den Mahlzeiten in drei
Capiteln, in einem vierten aber die Mahlzeit des künftigen
Lebens. Auch dieses Werkchen B.'s wurde fälschlich Nach-
mani zugeschrieben [33]), die Autorschaft B.'s unterliegt aber
nunmehr keinem Zweifel und bedarf auch keines näheren
Beweises. Es genüge daher auf einige Stellen darin hinzuweisen, die ihre Parallelen im Pentateuch-Commentar und
im Mehlkruge haben [34]).

---

[30]) So hat Perles, Monatsschft. VII, S. 93, dies bei Nachmani
nachgewiesen.

[31]) Siehe oben S. 5.

[32]) So ist der Titel in B.'s Einleitung dazu, wie in dem Gedichte
B.'s ed. prcps. und in der Hdsch. Cod. Vaticana (vgl. oben S. 4)
und nicht שלחן ארבע, wie die Ausgg. haben.

[33]) In der Ausgabe Mantua 1514 und von den alten Historikern
Kore had., ed. Venedig 1746, S. 19a; Schalscheleth hak., ed.
Venedig 1587, S. 55b. In einer Oxforder Handschrift (s. Neubauer,
Cat. Mscc., 1264, 16) wird es gar einem R. Jakob zugewiesen, in
einer andern Hdschr. daselbst (s. No. 1271, 4) jedoch richtig unter B.'s
Namen. Das Werkchen erlebte im 16. Jahrhundert 5 Auflagen
(s. Steinschneider, Cat. Bodl.), auch später noch mehrere. Wir
citiren es unter der Abkürzung ש״א in ed. Warschau 1878, hinter
dem Mkr. Die ed. prcps., Constantinopel 1514 (unpag.), die uns vorlag,
hat in der Einleitung einen Vers von vier Zeilen, der aber keinen
poetischen Schwung verräth.

[34]) So S. 206a = Ex. 33. 13; 222a = Lev. 26. 12; 214a =
Mkr. 30a; 214b, 215a,b = Mkr. 68a; 221b = Mkr. 142a.

6. שובע שמחות ‎[35]), soll dem Titelblatte gemäss ein selbst-
ständiger Commentar Bachja's zu Job sein; in Wahrheit
jedoch ist es nur eine Compilation aus den beiden vorherbesprochenen Werken. Wie wir sahen, hat B. in seinem
Mehlkruge, in dem Abschnitte über göttliche Fürsorge,
Nachmani's Job-Commentar excerpiert und zwar so, dass
er die Angabe des Gedankenganges vor jedem Capitel aus-
schreibt und die speciellen Worterklärungen weglässt [36]).
Einigemal schiebt er eigene Bemerkungen ein oder kürzt
Nachmani's Wortlaut ab, den er gewöhnlich, wie er es
selber ausdrücklich sagt, beibehält [37]). Zwischen dem XII.
und XIX. Capitel ist in der Ausgabe ש״ש, der eschatolo-

---

[35]) Ed. Amsterdam 1768 scheint die einzige Ausgabe zu sein,
die Cataloge kennen keine andere.

[36]) Diese zweitheilige Erklärungsweise des Buches Job tritt
zuerst in dem Commentar Nachmani's auf. Auf die Aeusserung
des Levi b. Gerson (14. Jahrh.), dass bis zu seiner Zeit ausser den
geringen Versuchen Maimuni's Niemand auf diese Art Job commentirte,
gründet Frankel (Mtschft. XVIII, S, 458) seine Behauptung, dass der
„kabbalistische Fälscher", welcher den Job-Commentar dem Nachmani
untergeschoben, nicht vor Levi b. Gerson lebte. Die im Ganzen
gezwungene Beweisführung Frankel's, wird durch Bachja's klares
Zeugniss für die Autorschaft Nachmani's gründlichst wiederlegt
B., der treue Schüler und glühende Verehrer Nachmani's, der den
Job-Commentar excerpirt, war ohne Zweifel genau über den wahren
Autor unterrichtet, da er zumal kurz nach dem Tode Nachmani's
schon literarisch wirkte und somit lange vor Levi b. Gerson.
Ausser den Beweisstellen, die Frankel als thatsächlich für dem
Geiste des Nachmanischen Pent.-Commentars entsprechend hält und
die auch klar gegen seine Annahme zeugen, finden sich in Nachmani's übrigen Schriften Stellen, die dem Job-Commentar gleich
sind; so z. B.: שער הגמול (Ferrara, 1557) S. 8a = Job 11. 1;
ferner דרשה = ועתח בא צופר חנעמתי עוד על דברי חבריו des Nachmani (ed. Jellinek. Leipzig 1858) S. 16, Note 1. Schiller-Szinessy
Catalog of the hebr. Mscc. . . of Combridge I, S. 212 bezeichnet
den Einfall Frankel's als „unglücklich" und verspricht in einem
Excurse genaue Beweisführung dagegen; er ist aber diesem Versprechen nicht nachgekommen.

[37]) Mkr. 56b: הנני מבאר לך ענין הספר הזה בכלל על דרך תרמב״ן
ז״ל ועל רעתו ורובו חוא פירושו תנכבד.

logische Theil des vierten Abschnittes vom שלחן של ארבע
herübergenommen. Der Text des Büchleins zeigt noch andere
mehrfache Abweichungen vom Texte des Mehlkruges, die
theils auf eine schlechte Vorlage, theils auf die Absicht
des Compilators zurückzuführen sind. Denn es ist gewiss,
dass diese Zusammenstellung des שובע שמחות nicht von B.
herrührt, sondern von dem Herausgeber desselben, M.
Homburg, der daselbst auch eine zweite kurze Erklärung
aus älteren Werken zusammengetragen hat, דברי גאונים betitelt.

III. Die Erklärungsmethode Bachja's geschichtlich begründet.

Die Glanzperiode der spanischen Exegetenschule hatte
in Abraham ibn Esra ihren Höhepunkt erreicht. Die genialen
Meister der hebräischen Sprache, „die Entdecker des hebrä-
schen Sprachgenius" machten den Boden für die rechte
Exegese urbar und fanden in Ibn Esra den geeigneten
Nachfolger, der, auf der begonnenen Bahn fortschreitend,
vermöge seiner Fähigkeiten Grosses leisten konnte. Aber
die Schrifterklärung war von jeher bei den Juden das Ge-
biet, welches den Einflüssen der verschiedenen Geistes-
strömungen in höchstem Masse zugänglich gewesen, wo
die auf anderen Gebieten gewonnenen Anschauungen und
erworbenen Kenntnisse niedergelegt und verwerthet wurden.
„Der platonisirende Philo und der mutazilitische Rationalist
Saadja, der Aristoteliker Maimuni und die Mystiker des
Sohar, sie alle haben zu ihrem nach fremdem Vorbild, aber
doch mit eigener Kraft aufgeführten Gedankengebäuden
nicht nur die Ornamentik aus der Bibel geholt, sondern
die tragenden Säulen ihrer Systeme suchten sie auf das
Fundament der heiligen Schrift zu gründen; sie überbrückten
mit kühnem Sinne die Kluft, welche so häufig die Resultate
des fremden Denkens, sowie des eigenen von den Lehren
Moses' und der Propheten trennte. Dass ein solches Hineintragen fremden Gedankenstoffes in die Auffassung der Bibel

historisch berechtigt, ja nothwendig war, wird kein Kundiger leugnen"[1]). So sehen wir auch den scharfsinnigen Ibn Esra, dem es an der wissenschaftlichen Erkenntniss der hebräischen Sprache und an richtigem Verständniss für wahre Exegese gewiss nicht mangelte, fremde Elemente in seinen Bibelcommentar aufnehmen. Er kritisirt die vier Auslegungsarten der Vorgänger mit strengem, wenn auch richtigem Urtheile, weist dieselben als unberechtigt und unrichtig zurück, trifft aber in dem eigenen fünften Wege nicht voll und ganz den richtigen. Er giebt ein seltsames Gemisch von rationalistischer Kritik und mystischen Deuteleien, von gesunden, seiner würdigen Ideen und astrologischem Aberglauben. Ja, er behauptet geradezu, dass manche Schriftstelle nicht dem einfachen Wortsinne nach erklärt werden könne, denn ein tiefer, geheimer Sinn liege in ihr[2]), den wir nicht immer erfassen können, noch aufdecken dürfen[3]). Und nicht lange darauf, bei dem bedeutendsten Exegeten nach ihm, wird die Grundlage der wirklich schlichten Exegese, die Grammatik, vollends aus ihren Rechten verdrängt, und der grosse Nachmani liefert einen Pentateuch-Commentar, der Einfaches und Höheres, allgemein Verständliches und Mystisches miteinander in Einklang bringen soll. „Denn der heil. Text birgt Schlichtes und Wunderbares, Weisheit und Wissenschaft in sich, wenn nicht klar und offen, so verborgen in Andeutungen"[4]). Ohne dem schlichten Wortsinne Abbruch zu thun, kann die heilige Schrift nach verschiedenen Methoden erklärt werden; die eine hebt die andere keineswegs auf, vielmehr bieten sie gleich

---

[1]) Bacher, Abr. ibn Esra's Einleitung zu s. Pent.-Commentar (Wien 1881) S. 362.

[2]) Ex. 88. 38: רק לא כאשר יפרשותו חכמי דורנו שהוא כמשמעו כי סוד עמוק חא.

[3]) Gen. 2. 9, 2. 12, 3. 21, 4. 24, 26. 84, 28, 16; Ex. 3. 15. 6. 2, 14. 19, 15. 2, 16. 28; Lev. 16. 8 18. 4, 19. 10; Num. 5. 18, 22. 28 u. s.

[4]) Einl. zu seinem Pent.-Comm.

wahre Resultate⁵). Nachmani gab deshalb auch in seinem
Pentateuch-Commentar nicht nur der Midraschauslegung,
sondern auch den kabbilistischen Deutungen Raum, als
Erklärungen, welche auf dem Wege der Wahrheit gefunden
sind⁶). Mit seiner grossen Autorität verschaffte er dieser
Richtung die Anerkennung, trug viel zur Verbreitung der
Kabbala bei, und so wird er von Bachja als Hauptvertreter dieser Art der Exegese zum Muster genommen⁷).
Ebenso schliesst sich der fruchtbare Grammatiker und
Exeget David ibn Kimchi in seinem Commentar unverhohlen
der Ansicht an, dass man in der Thora ausser dem einfachen Sinne geheime Andeutungen finden müsse, da manche
Stellen nicht anders erklärt werden können. Man dürfe
aber die Geheimnisse nich klarlegen, dem Verständigen genügen die Hinweisungen⁸). So brach sich diese Art der
Exegese, neben der schlichten Auslegung fremdartige, auch
mystische Deutungen als zulässig und richtig in die Bibel-
commentare aufzunehmen, in Spanien, dem Vaterlande des
Sohar, immer mehr und mehr Bahn. Und nachdem durch
das mystisch umgedeutete Buch Jezirah und den kabbalistischen Bahir, wie die Schriften verschiedener Autoren,
die Lehren der Kabbala festen Fuss fassten, sehen wir am
Ende des XIII. Jahrhunderts in Bachja b. Ascher's Pentateuch-Commentar unter Einwirkung der Vorgänger und des
gewaltig herrschenden Zeitgeistes vier Arten der Auslegung:
einfache und agadische Erklärung, philosophische und kab-
balistisch-mystische Deutung als ausgesprochene Richtungen
der Exegese zur Anwendung gebracht⁹). Schon bei einem

---

⁵) Lev. 14. 43, 17. 3.

⁶) Stets mit den Worten אמת דרך על eingeführt, nur im Job-
Commentar קבלה ע״ר.

⁷) S. Abschnitt V.

⁸) In s. Commentar zu Gen. 3. 1 u. s. (ed. Ginsburg, Press-
burg 1861).

⁹) Die vier Richtungen werden gewöhnlich mit der Abkürzung
פרד״ס: פשט, רמז, דרש und סוד bezeichnet, bei Bachja anders und in
anderer Reihenfolge.

früheren philosophischen Schriftsteller, den B. kannte, bei
Joseph ibn Aqnin[10]) finden wir die eigenthümliche Art der
Aneinanderreihung verschiedener Erklärungen. Ibn Aqnin
will in seinem Hohenlied-Commentare drei Auslegungsweisen
gerecht werden. Die beiden ersten, die dem Wortsinne
gemäss und die agadische — bemerkt er — wurden schon
von früheren angewendet, er räumt ihnen deshalb die erste
Stelle ein; die dritte, die philosophisch-allegorische gelangt
bei ihm zum ersten Male durchgehend zur Anwendung[11]).
Das Beispiel Ibn Aquin's mag Bachja vorgeschwebt haben,
als er seinem Pentateuch-Commentar diese Gestalt und Anordnung gegeben. Weil ich weiss — sagt B. — dass die
Ausleger der Thora in ihren Werken vier Richtungen einschlagen, hielt ich es für angemessen, meinen Commentar nach
dieser Weise anzulegen, um einer jeden Richtung gerecht
zu werden[12]). Zu den drei Arten der Erklärungen, die wir
in Ibn Aquin's Hohenlied - Commentar zusammengestellt
finden, kommt bei B. naturgemäss eine vierte, die kabbalistische. Indem nun B. gleichsam eine schematische Reihe
der vier Erklärungsweisen giebt, ist er weit entfernt, dieselben einer prüfenden Kritik zu unterziehen, vielmehr wird
bei ihm der lange Streit der verschiedenartigen Auslegungsweisen dahin beigelegt, dass er sie sämmtlich als gleich-
berechtigt anerkennt und ihnen in seinem Pentateuch-
Commentar gleichen Platz einräumt[13]). Wie Bachja noth-

---

[10]) S. Abschnitt V.

[11]) In der Vorrede zu s. Hohenl.-Commentare, aus dem arabischen
Originale mitgetheilt von Neubauer, Joseph ibn Aquin (Grätz,
Mtschft. 1870, S. 896).

[12]) Einl. zu s. Pent.-Commentar.

[13]) Die Classificirung Ibn Esra's, der in seiner Einleitung שרשׁ
ארבעה דרכים החתורה תולכים על begint, mag auf B.'s Eintheilung keinen
direkten Einfluss haben. B.'s Kategorien sind zum Theil ganz
verschieden von denen Ibn Esra's, und während dieser die von ihm
kritisirten verurtheilt, hält B. die von ihm aufgezählten für berechtigt
und gründet auf dieselben seinen Commentar. (S. auch Bacher, a.

wendig zu diesem Standpunkte gelangte, das orgiebt sich
aus dem Bisherigen; wie er sich seine Aufgabe, den Pentateuch in der bezeichneten Weise zu erklären, vorgestellt
und ihrer entledigt hatte, das werden wir später zu zeigen
versuchen. In seiner Einleitung giebt B. nur eine ganz
dürftige Charakteristik der einzelnen Auslegungsarten, die
aber durch seine Aeusserungen im Commentar selber ergänzt wird. Wir werden seine zerstreuten Bemerkungen zu
einem ganzen Bilde zusammenfügen, um so seine Ansichten
kennen zu lernen und richtig beurtheilen zu können.

IV. Zweck des Pentateuch-Commentars.

„Nicht aus Ehrsucht, um meinen Namen berühmt zu
machen, unternehme ich die grosse, schwierige Arbeit, die
Thora zu erklären, sondern selbstlos zur Verherrlichung
Gottes. Denn ich sehe meine Brüder verstrickt in dem Netze
des kleinlichen Alltagslebens, wie sie ihren Blick nur auf
das niedrig Irdische heften und ihn nicht nach oben zu
richten vermögen. Sie unterlassen das Studium der Thora
theils muthwillig, theils ihrer Unzulänglickeit halber; deshalb trete ich an diese meine Arbeit heran, um Ehre und
Recht zu verschaffen der verlassenen Lehre“[1]). Mit klaren
Worten spricht hier B. den Zweck seines umfangreichen
Werkes aus. Er wollte seinen Glaubensgenossen einen
Pentateuch-Commentar an die Hand geben, der den Be-
dürfnissen derselben, im Geiste der Zeit gehalten, vollauf
entspreche, einen Commentar, der ausser dem einfachen
Schriftsinne die Lehren und Meinungen der Alten, die Resultate philosophischen Denkens und die mystischen Deutungen und Deuteleien der Kabbala in sich fasse, einen

---

a. O. S. 870, der die Leseart der Ausgg. I. E.'s חמשה richtig in
ארבעה corrigirt).

[1]) Einl. zum Pent. Commentar וסבני שראיתי ילדי עולם הדאגה נאחזים
במצורה כרגה.

Commentar, der die Vorzüge der Thora vor allen andern
Wissenschaften klarstelle und so zum Studium der heil.
Schrift aneifere. Diese zweite Aufgabe steht mit der ersten
in engem Zusammenhange. B. wollte durch seine Erklärungen
beweisen, was er, wie andere vor und nach ihm²), glaubte:
dass „alle Wissenschaften nur Früchte der Thora und des
jüdischen Geistes seien", wovon man sich bei genauerem
Eindringen in die Schriftworte überzeugen könne³). Von
dem schlichten Wortsinne an bis hinauf zum kabbalistischen
Mysticismus⁴), wo sich der Geist oft in dunkle Gebiete ver-
irrt, alles Wissen und alle Wissenschaft will er in den
Worten der Schrift wiederfinden, indem er das Heiligthum
der Gotteslehre in all' seinen Bestandtheilen erforscht und
bis auf das scheinbar Geringfügigste gewissenhaft erklärt.
Denn in der Thora, sagt B., ist kein Buchstabe über-
flüssig, alles in ihr ist von Bedeutung und Wichtigkeit, mit
Weisheit und Vorsicht geordnet⁵). Bei der Ausführung der
geplanten Arbeit nimmt er, wie dies natürlich und nothwendig
ist, stets Rücksicht auf die Leistungen der Vorgänger.
Indem er aber die ihm zu Gebote stehenden Quellen benutzt, lässt er sich von bestimmten Principien leiten. Bevor
wir daher die Art und Weise seiner Auslegung im Einzelnen betrachten, wenden wir uns vorerst den Quellen
derselben zu.

---

²) S. Rosin, die Ethik des Maimonides, S. 29; Kaufmann, die
Sinne, S. 8 ff.
³) Gen. 27. 13, Mkr. 15ª כל חכמת האומות אינם אלא פירות התורה,
ferner Mkr. 120b, 186a.
⁴) Einl. z. s. Pent. Comm. לעלות מן הנגלה אל הנעלם.
⁵) Gen. 18. 5.

V. Quellen der Exegese Bachja's.

Eine äusserst reichhaltige Literatur sehen wir Bachja
in seinem Pentateuch-Commentar, wie in seinen übrigen
Werken benutzen. Talmud und Midrasch, philosophische und
exegetische, kabbalistische und astrologische Schriften hat
er durchforscht und mit umfassender Kenntniss verwerthet.
Mit richtigem Verständnisse verleibt er ältere Ansichten
seinem Pentateuch-Commentare ein und macht ihn so zu
sagen zu einem Compendium der Exegese. Jedoch, wenn er
auch Autoritäten mit der grössten Achtung anerkennt, ist
er nicht geneigt, ihre Ansichten ohne jede Prüfung anzu-
nehmen; er bewahrt seine Selbstständigkeit, indem er sich
denselben gegenüber oftmals abweisend verhält[1]). Es ist
seine Art, die verschiedenen Erklärungen an einander zu
reihen, um sich dann für die ihm richtig scheinende zu ent-
scheiden, oder die Wahl dem Leser zu überlassen. Nicht minder
beweist B. vorzüglich Sinn und Verständniss für Textes-
kritik; theils bewusst, theils unbewusst, indem er eine gute
Vorlage hatte, bietet er eine Fülle von Varianten verschiedener Art, die von grossem Interesse und Werthe sind[2]).
Wir geben ein vollständiges Verzeichniss der Quellen Bachja's,
in so weit es uns gelungen dieselben zu ermitteln. Denn
trotzdem, dass B. ausdrücklich betont, er werde stets seine
Quellen nennen und „sich nicht in fremdes Gewand hül-

---

[1]) Deut. 28.27, 29.11: פירש ז"ל המפרשים שכל אע"ם; Mkr. 52b,
185a: אע"ם שרוב המפרשים פירש; s. w. u. bei den einzelnen Autoren.
[2]) Zu Targum und Midrasch s. w. u.; zum Bibeltexte findet
sich eine: zu Gen. 1.21 liest er Dan. 7.25: עד עדן עדנין ohne י, wie
dies Cod. Heidenheimerianus hat (s. ed. Baer, Appendices z. St.)
und bemerkt demzufolge richtig: וראת שתוא [עדן] בלא י אע"ם שמצינו
בספרים מדויקים בי" לפי שעדן סמך לעדנין, s. auch den Supercomm. Ma-
noachs: מנוח מצא חן ed. Prag 1611, S. 7a.

len" [3]), welchem Versprechen er auch nach Thunlichkeit
nachkommt, so ist er doch ein Sohn des Mittelalters, wo
man es mit den Anführungen nicht gar zu genau nahm.
Wir haben ihn deshalb keines Plagiates zu beschuldigen,
zumal es ihm bei allbekannten Erklärungen nicht nothwendig erschien, den Urheber derselben namentlich anzugeben und wieder andere Ansichten so weit in sein Bewusstsein übergegangen sein konnten, dass er ihren Ursprung
nicht mehr kannte.

A. Targume.

A. Targum Onkelos benutzt B. in sehr ausgedehntem
Maasse [4]) und bietet so eine Anzahl Varianten, die zum
Theile nur durch ihn bekannt werden und deren bemer-
kenswerthere die folgenden sind: 1. Gen. 5.24: וכן בתרגום
מדוקדק ואיתוהי ארי לא אמית יתיה [5]). 2. Gen. 13.9 die sonst un-
bekannte Uebersetzung: וכן שמעתי כי תרגום אונקלס כנוסחאות
מדוקדקות אם את לצפונא ואנא לדרומא ואם את לדרומא ואצפינך.
3. Gen. 17.1 (zu Num. 25.10): התהלך לפני שתרגום הלך קדמי בדחלתי [6])
4. Gen. 25.27 bevorzugt B. nach der Leseart der „cor-
rekteren" Codd. als Uebersetzung von נחשירכן: ידע ציד in
zwei Worten [7]). 5. Ex. 3.12: כי אהיה ארי יהא מימרי עמך [8])
6. Ex. 10. 10: Liest B. לאסתחרא, welche Leseart von

Nachmani als Variante neben אסתתרה erwähnt wird[9]). 7.
Lev. 18.5 (auch Mkr. 6a): hat B. לחיי עלמא statt der von
Schefftel für richtiger gehaltenen Leseart בחיי ע' [10]). 8. Num.
23.3: ומלבשתא [ed. Pesaro שכללתא] מכללתא הזה הפסוק ת״א
וכמטרין דבית נטרי [שסן בית נטרי] וכית חושבנא ובעיל דיכן [דכבא]
.וסימא [וסען] בית קבורה דטשה

Diese Anführung des Onkelos ist umso bemerkens-
werther, als die Massora zum Targum behauptet, diese
Uebersetzung stamme nicht von Onkelos[11]). 9. Deut. 28.42:
יירש; לשן להוריש גוים וכן תרגומו יתרך יחסנה, unser Text hat יחסנה,
jedoch hat B. Leseart durch die zu Deut. 4.38 gegebene Uebersetzung die Wahrscheinlichkeit für sich[12]). 10. Deut. 31.3
giebt B. eine interessante Variante שכנתיה עבר קדמך, nebst
welcher auch andere sich finden[13]).

b. Das palästinensische Targum benutzte B. in einer
vollständigeren Fassung, als wir es besitzen[14]); das Jonathan'sche Targum zum Pentateuch wird von ihm nur
zweimal angeführt[15]).

---

[9]) Hier führt B. auch zu Num. 36.7: לא תמתחר statt לא תמחר an,
an, ebenfalls bei Nachmani als Variante erwähnt, was Schefftel
a. a. O. z. St.) entgangen ist.

[10]) S. Berliner, a. a. O. S. 48.

[11]) S. Adler, נתינה לגר, z. St., ed. Wilna 1876 und Berliner,
Massorah z. T. O. S. 54 und 60.

[12]) S. Schefftel a. a. O. z. St.

[13]) Das. z. St.

[14]) In unserem fragmentarischen Targum findet sich nur die von
Bachja zu Gen. 1.1 und Gen. 4.8 angeführte Uebersetzung; letztere
auch bei Kimchi z. St. Die folgenden Stellen jedoch nicht: Gen.
44.12 סייף ובקטון כלה; ובתרגום ירושלמי של היא מוצאת: Gen. 38.25
הזכיר בו כי סמאל תחביא אותם כדי שלא תמצאם ותשרף ותמר בקשה רחמים
לפני חב״ה להמציא לה ג' וינצל׳ ג' ואז תתן לו ג' ורמז הקב״ח לגבריאל
ותחזירת לה וחשליכתם לרגלי הדייניס וחהו שאמרה לו הכר נא ...; der Stelle
kann Ber. rabba §. 85 zu Grunde liegen. (Der Suppercommentar
נפתלי S. 12. bemerkt schon zur St.: לא מצאתי בירושלמי) Ferner Ex.
15.8: ות׳ ירושלמי: 31.10 בת׳ ירוש׳ קפאו תהומות בגו סלגס דימא רבה
.מעשה אורג עובד גרדי

[15]) Nach B. zu Gen. 19.24 soll Jonathan die Worte אבני חאל

c. Das sogen. Jonathan'sche Targum zu den übrigen Büchern wird nicht sehr oft und fast stets mit Abweichungen von unserem Texte angeführt, wodurch sich uns zum Theile sehr interessante und werthvolle Varianten darbieten [16]). Palästinensisches Targum nennt B. das Targum der Proverbien und führt daraus eine Stelle an, die mit der Leseart der Ausgaben nicht übereinstimmt [17]). Das Targum zu Job benutzt er einmal, ohne nähere Bezeichnung [18]).

B. Talmud und Midrasch [1]).

Mischnah, Tosifta, Talmud babli, Talmud jeruschalmi, Mechilta, Sifra, Sifre, Midrasch-Rabbot zum Pentateuch und

---

בית אל (Gen. 31.13) durch עילאה בית שכנתיה wiedergegeben haben; diese Leseart findet sich aber in unserem Texte nicht. Ebenso hat das edirte Targum Jon. eine verschiedene Version von dem, was B. zu Ex. 33.4 anführt: ת' יונתן דלמה אסלק שכינתי מינה ואעדי יקרה ואשיצה רמישא כיומא קדמאה עד לא אתקרבת לפולחני.

[16]) Zu Gen. 6.6 hat B. als Uebersetzung des Wortes ויסלו I. Kön. 5.32 nicht ויסלף sondern ובנו; Mkr. 75a zu Jes. 33 17: מ' עלמיא statt מלך מלכיא; zu Gen. 6.6 scheint er zu Jes. 34.16 eine von der unsrigen ganz verschiedene Uebersetzung gelesen zu haben, indem er die Stelle folgendermassen umschreibt: כי מי חוא מדה כלומר מלאכי ורוחו הוא קבץ כלומר ורוחו של מלאך הנקרא מי וכן ת' יונתן ומלאכיה Mkr. 10a zeigt B.'s Targumtext eine sehr merkwürdige Verschiedenheit von dem unsrigen, indem er das. als die Version des Jonathan eine abgerundete Zwiesprache zwischen Gott und dem Propheten uns mittheilt. Die Version ist sehr beachtenswerth, denn sie fusst auf einer agadischen Auslegung des Talmud (Pesachim 87a) und ist wahrscheinlich eine spätere Zuthat zum Targum Pseudo-Jonathan. Zu Lev. 2.2: führt B. Nachum 2.8: תרגם טרף חוריו בקמיצה an, wovon unser Targumtext keine Spur zeigt.

[17]) Zu Gen. 6.9 und Num. 5.3: בתרגום ירושלמי וסכלא בשטותיה מתאחד als Uebersetzung des Verses Prov. 10.10, während die Ausgg. וסלף lesen.

[18]) Zu Ex. 6.2: Job. 28.17 übereinstimmend mit dem edirten Targum.

[1]) Einen vollständigen Stellennachweis müssen wir bei diesem Punkte als zu umfangreich unterlassen.

zu den Megilloth, Tanchumah[2]), Pesikta, Midrasch Tillim[3]),
Midrasch Mischle, Midrasch zu Samuel, M. Tadsche[4]),
Seder Olam[5]), Pirke Aboth, Derech Erez rabba[6]), die
Hagadah zu Pesach, Josippon[7]), Midrasch der zehn Gebote[8])
werden von B. an besonders zahlreichen Stellen benutzt
und angeführt.

C. Gaonen.

1. Jehudai Gaon[1]). 2. Saadja Gaon b. Josef; von Bachja
werden hauptsächlich dessen exegetische Schriften[2]), selten
das religions-philosophische Werk desselben[3]) benutzt.
3. Haya b. Scherira Gaon; es erhielten sich von ihm Erklärungen zu dem Buche Jezirah, von denen B. eine, über
die Identität oder Nichtidentität der Begriffe Sephiroth und

---

[2]) An viel zahlreicheren Stellen angeführt, als dies Buber
(Einl. zu s. Ausgabe des Tanchuma, S. 52.) angiebt. Zu Lev. 11.1
kennt B. drei verschiedene Lesearten, von denen nur die erste bei
Buber sich findet; die zwei andern lauten: יש נוסחאות שכתוב בהן
ויש נוסחאות שכתוב עתיד הקב״ה להחזיר לנו und לו לחחזיר העטרה לישנה.

[3]) Von Bachja stets מ' חלים genannt.

[4]) Zu Ex. 1.2 hat B. eine vollständigere Recension, als die auf
uns gekommen. S. Jellinek, Beth-Ham. III, S. 171 und Epstein
מ' תרשא (im היהודים קדמוניות) S. XXIII, A. 9.

[5]) Deut. 1.46 zeigt eine andere Leseart, als die Ausg. י״ש שנה
עשו בקדש ויי״ש שנה תחזיין ומטולטלין במדבר: Raschi z. St. hat noch eine
dritte Version. Ferner Deut. 30.2.

[6]) Gen. 1.10 eine bessere und verständlichere Leseart, als die
Ausgg. Abschnitt II, g. E.

[7]) Zu Gen. 50.9. B. kennt es durch die Anführung des Nachmani
z. St.

[8]) Mkr. 172a eine längere, ganz aramäische Stelle של כאגרה
עשרת הדברות בדבור ג'..., findet sich Jellinek, Beth-Ham. I. S. 60
ff. nicht.

[1]) Lev. 15.19 bei einer halachischen Frage.

[2]) Einige Stellen bei Geiger, Wiss. Ztschr. V. S. 362 ff., aus
den Anführungen B.'s hervorgehoben; sonst noch angeführt zu Gen.
2.19, 14.19, 17.1, 18.11; Ex. 8.15, 9.31, 20.12 (dass. Mkr. 87a),
21.16, 24.10; Lev. 1.1 (s. w. u.`, 1.8, 3.9, 9.24, 16.30; Mkr. 57a,
176b; Gl. u. Vtr. 16a.

[3]) Ex. 33.20=Emunoth wed., ed. Krakau, 1880. S. 74, 75.

Attribute, anführt⁴). 4. Chananel b. Chuschiel aus Kairuwan,
dessen Pentateuch-Commentar wir in erster Reihe aus den
Anführungen Bachja's kennen⁵), wird von diesem neben
Raschi als Musterbild der Paschtanim betrachtet, der die
einfache Auslegung als die gewisse Wahrheit den übrigen
Erklärungsarten vorzieht⁶). Aus den erhaltenen Stellen sehen
wir jedoch, dass Chananel's Commentar zwischen einfacher,
natürlicher und midraschartiger Schriftdeutung schwankte.
B. schätzt Chananel's Erklärungen hoch, nimmt sie meist
stillschweigend an⁷), hebt sie manchmal als die beste unter
mehreren hervor, wenn er sich ihr auch nicht anschliesst⁸)
bald weist er sie als unrichtig einfach zurück und stellt
ihr seine eigene gegenüber⁹). Ausser dem Pentateuch-
Commentare Chananel's benutzte B. auch dessen Talmud-
Commentare¹⁰).

D. Talmudgelehrte.

1. Isak b. Menachem¹). 2. Isak Alfasi²). 3. Jakob

---

⁴) Ex. 34.6; dasselbe aus anderen Quellen mitgetheilt bei
Jellinek,. Btr. II. S. 11. Sonst noch bei B. zu Num. 26.22; Deut.
18.11 u. Mkr. 103a. Ohne genannt zu werden benutzt zu Gen.
1.5; bei Jellinek a. a. O. S. 19.

⁵) Die ausgiebigen Citate zuerst zusammengestellt von Rapoport,
Bikkure haittim XII; ergänzt durch Berliner: Ueber Leben und
Schriften R. Chananel's, Leipzig 1876, hebr. Theil, mit einigen
kurzen Stellen aus Ibn Schoeib u. hdschftlichen Notizen. Nachzu-
tragen sind noch die Stellen bei Nachmani zu Lev. 23.7 u. Num.
16.21. Die letztere Stelle auch bei Bachja ohne Quellenangabe.

⁶) Einl. z. Pent. Com. und Ex. 19,16.

⁷) Vgl. zu Ex. 12.1 und Num. 15.32.

⁸) Num. 20.10.

⁹) Gen. 48.14.

¹⁰) Ex. 22.17; Lev. 23.40; Deut. 7.26.

¹) Gl. u. Vtr. 13b und 22b; beidemal ר' יצחק הצרפתי ז"ל, die
Hdschften in München lesen jedoch ר' יצחק החכם בר' מנחם הצרפתי ז"ל,
d. i. Isak b. Menachem, der 1050 st. (s. Zunz, zur Geschichte
S. 192.) Die Leseart an der ersten Stelle, zwar auch in den
Hdschften, כך קבלתי מם' ist daher unmöglich, da sie auf einen

b. Meir oder R. Tam, wird von B. einigemal angeführt[3]) und auch eine Talmud-Variante in dessen Namen mitgetheilt[4]). 4. Isak b. Samuel, unter der üblichen Bezeichnug ר״י[5]). 5. Chajim b. Chananel, Schüler des R. Tam[6]); B. führt wahrscheinlich den Brief desselben an, den dieser an seinen Lehrer richtete[7]). 6. Serachja halewi Gerondi, wird unter dem Namen seines Werkes „Hamaor" citirt[8]). 7. Abraham b. David aus Posquiers an einigen Stellen[9]). 8. Salomo b. Abraham ibn Adreth[10]), der Lehrer Bachja's[11]), wird von diesem verhältnissmässig selten angeführt[12]), was dem Umstande zuzuschreiben ist, dass er auf anderem Gebiete thätig gewesen, als sein Schüler. Uebrigens ist ibn Adreth in Bezug auf Schriftauslegung auch ganz anderer Meinung, als B. Er behauptete, dass der vollständige Friede zwischen Philosophie und geoffenbarter Religion nicht möglich sei; er sprach auch, noch mit anderen Autoritäten, den strengen Bann über die rationalisirenden Exegeten und phi-

persönlichen Verkehr hinwiese. Es ist מס׳ als Abkürzung von טפירוש zu nehmen; an der zweiten Stelle heisst es: כך שמעתי בשם.

[3]) Lev. 7.26.

[4]) Gen. 37.24; Lev. 23.40; Num. 30.8; Deut. 7.26, 15.1.

[5]) Lev. 22.3 ופירש רבי יעקב שאין נסחא זו מדוקדקת ... אבל עיקר חנסחא היא כך: אתיא תך תך, כתיב חכא ונקדשתי בתוך וכת׳ התם לשבר בתוך תבאים מה לחלן עשרה אף כאן עשרה.

[6]) Gen. 26.28; Deut. 19.19; Num. 6.23: ר״י חזקן benannt.

[6]; Kore hadoroth, ed. Ven. S. 14b; Zz. z. Geschichte, S. 193.

[7]) Num. 19.18: וכענין ששלח חרבי חיים מאשכנז לרח״ם ד״ל איזה בית אשר תכנו לי...; auch bei Kirchheim, a. a. O., erwähnt.

[8]) Deut. 12.9.

[9]) Ex. 24.36; Lev. 10.1 11.6; Deut. 14.22.23.

[10]) Ueber die Schreibung dieses Namens s. Kaufmann, die Sinne, S. 18, A. 48.

[11]) Wie er ihn öfters u. ausdrücklich zu Num. 21.30 nennt: כמו שפי׳ חרב חגדול מורי ר׳ שלמה נ״ר בפירוש חחגדות.

[12]) Gen. 1.21, 2.18 [wo der Zusatz נ״ע offenbar spätere Zuthat des Copisten oder gar des Setzers ist, da ibn Adreth zur Zeit, als B. seinen Commentar abfasste (1291) noch am Leben war. Sonst haben die Ausgg. gewöhnlich נ״ר oder ש״י], 3.21, 28.5, 49.10; Ex. 12.26, 23.19; Lev. 4.14, 16.30; Deut. 3.24, 21.18, 30.2, 32.4.

losophischen Agadaausleger aus[13]). Man dürfe, sagt ibn
Adreth[14]), die Worte der Thora nicht allegorisieren, sondern
müsse dieselben in ihrem einfachen, wahren Sinne deuten.
Sein Schüler B. war, wie wir es noch sehen werden[15]),
entschieden anderer Ansicht, nichtsdestoweniger ist der
Einfluss seines Lehrers auf ihn bemerkbar[16]).

E. Religionsphilosophen.

1. Bachja b. Josef ibn Bakoda[1]) wird öfters angeführt[2]), aber auch, ohne genannt zu werden, benutzt[3]).
2. Juda Halewi's Schriften scheinen B. direkt nicht bekannt
gewesen zu sein; er führt ihn zwar zweimal namentlich
an, aber mit der Einführung: „Man sagt im Namen
des . . .“ und die citirten Stellen finden sich bei Ibn Esra[4]).
Auch einen Piut des Juda halewi erwähnt B.[5]). 3. Abraham
b. Chijja hanassi; zweimal mit dem Zusatze: שאהב אשרמא
= Polizeipräfekt, wie er auch hiess[6]). Im Pentateuch-

---

[13]) S. Perles, Salomo b. Abraham b. Addereth, S. 38 u. 46.

[14]) Das., hebr. Theil S. 29.

[15]) S. w. u.· Philos. Schriftauslegung.

[16]) S. w. u.

[1]) Mkr. ל״ר, ר' בחיי בן בקדה חדיין, im Pent.-Comm. פקדה. S. über
den Namen: Kaufmann, die Theologie des B. ibn Pakuda (Wien
1874) S. 1 f.

[2]) Gen. 28.20 = Herzenspfl. VIII,3; 41.1 das. IV.7; Ex. 3.10
= das. I.10 g. Mitte; Mkr. 43a = das. VI.6, 83a = das. I.2,
132b = das. IV.8 wörtlich citiert, bietet einen richtigern Text als
z. B. ed. Fürstenthal S. 135 hat.

[3]) Ex. 33.18 = Hzpfl. I.10: Mkr. 29b = das. IV.1 Anf.
86a = das. III.9; s. w. Abschnitt VII: Philos. Schriftauslegung.

[4]) Ex. 24.11; Num. 27.8; Deut. 26.17.

[5]) Gen. 2.7 anonym: ומזה אמר הפייטן תקן נשמת, Mkr. 118a be-
stimmter: ל״ר והוא שיסד הפיים חלו. Dieser Piut in demselben Zusammenhange in Nachmani's Job-Comm. zu 33.21: ואמר רבי יהודה חלי;
dieser Vers ist aus dem Piut מצולה ברכי des Juda halevi, s. Dukes
נחל קדומים, S. 45.

[6]) Gl u. Vtr. 24b: צחכא שורמא, S. 15a ganz schlecht שחבא
ושורמ; die Münchener Hdschft. Cod. 83: שאתב שורמא, Cod. 357:

Commentare[7]) und Mehlkruge[8]) benutzt B. Abraham b.
Chijjas Werk, ohne ihn zu nennen. 4. Moses b. Maimun;
B. benutzt oft die Werke des Maimonides, den Mischneh-
Thora[9]), den Commentar zur Mischnah[10]), besonders dessen
„geschätztes Buch: Moreh"[11]); er schliesst sich aber stets
den kritischen Bemerkungen Nachmani's gegen Maimuni
an[12]), erhebt selber Einwendungen gegen die Ansichten
desselben, die ihm nicht stichhaltig zu sein oder gegen
Tradition und Kabbala zu verstossen scheinen[13]). Nichtsdestoweniger aber steht B. in seiner philosophischen Schriftauslegung unter dem mächtigen Einflusse des Maimonides
und eignet sich die Erläuterungen und Resultate desselben
an[14]). Sehr interessant, wenn auch schon an sich zweifel-
haft, ist der Bericht Bachja's, er habe Erklärungen im
Namen Maimuni's vernommen, die derselbe in seinem
Pentateuch-Commentare niedergelegt haben soll. Ihm habe
aber dieser Commentar nicht vorgelegen, denn derselbe
war bis zu jener Zeit nicht nach Spanien gekommen[15]).

שרטא [נ"א סחבא] כהבא auch unrichtig. S. über diesen Titel: Geiger,
Wiss. Ztschft. IV, S. 887.

[7]) Gen. 1.2 = חנמש חגיון, ed. Freimann Leipzig 1860, S. 2 f.;
Gen. 2.7, dass. weitläufiger Mkr. 1956 = das. S. 11; s. w. u. Abschnitt VII.

[8]) Mkr. 89 bff. = חי"תג S. 21 ff.

[9]) Gl. u. Vtr. 22 a; Gen. 2.7; Lev. 12.4, 18.30; Num. 19.1
30.2.8.16; Deut. 6.11, 14.28, 33.26.

[10]) Gl. u. Vtr. 19 b; Deut. 12.9.

[11]) Gl. u. Vtr. 20 a, 29 b, 80 a; Gen. 1.14.27, 8.12, 11.28, 17.1,
28.12, 84.13; Ex. 8.14, 4.10, 7.8, 12.7, 20.1.22, 22.17, 28.19, 24.10,
25.18, 30.1, 34.4; Lev. 1.9, 2.11, 6.16, 17.11, 18.6, 19.28, 20.2,
27.82; Num. 17.6, 20.12.19, 28.4, 26.7, 83.1; Deut. 10.15.

[12]) Gen. 84.13; Ex. 20.1, 80.1; Lev. 1.9, 17.11; Num. 80.16;
Deut. 6.11, 14.5.

[13]) Ex. 28.19, 30.1; Num. 20.12; Deut. 18.15, 80.15.

[14]) S. w. u. Abschnitt VII.

[15]) Ex. 20.9: כך שמעתי ;Deut. 29.28 :זח שמעתי בשם הרמבם הי'ל
בשם הרמב"ם הי'ל בפי' פסוק זה, dieselbe Erklärung im Mkr. 120 b:
(ed. Warschau falsch חרמב"ן, manche Ausgg. nur הר"ם) כך שמעתי בשם

5. Joseph ibn Aqnin, der Schüler Maimuni's, verfasste einen
Commentar zum Hohenliede in arabischer Sprache, in
welchem er drei Auslegungsarten anwendet[16]. Bachja übersetzt daraus eine längere, philosophische Allegorisierung
des Kampfes Jakob's mit dem Engel, verschweigt aber
den Namen ibn Aqnin's[17].

F. Exegeten.

1. Salomo b. Isak, genannt Raschi, ist bei Bachja nächst
Nachmani der meist angeführte Autor[1], wählte ihn doch
B. zum Muster für die einfache Schriftauslegung[2]. Aber

הרמב״ם) ד״ל שכתב בפירוש החומש שלו אבל לא זכיט בו כי לא הגיע לידינו
בארצות האלה. Dieser genug bestimmt lautenden Angabe zufolge
meint Oppenheim, Allg. Zeitung d. Judth., 1868, S. 384 f., dass ein
Pent.-Comm. des Maimonides in der That existirte, aber verloren
ging; demgegenüber stellt Neubauer, das. S. 397 f., aus mehreren
Gründen die annehmbare Behauptung auf, dass die bei B. angeführten Erklärungen, von denen die zu Ex. 20.9 bis jetzt unbe-
achtet blieb, aus dem Pent.-Comm. des Vaters von Maimuni stammen
und aus diesem haben sich auch Fragmente in dem Commentare
des Abraham, des Sohnes von Maimonides, in einer Oxforder
Hdschft. erhalten. Schmiedl, Ben-Chananja, 1863, S. 666 führt auch
mehrere plausible Gründe gegen Oppenheim's Ansicht ins Treffen

[16] S. Neubauer, Grätz, Mtschft. 1870, S. 348 ff. und Salfeld
Magazin, 1878 S. 185 u. 1879, S. 21 ff.

[17] Gen. 82.25: הנני כותב לך כאן באור הפרשה על דרך זה כמו שפירש.
פילוסוף אחד מחכמי תורתיט שחיה מסביליי״ה בפירוש שה״ש שחבר; Ed.
Pesaro, 1514, hat משבילית, die Oxforder Hdschr. jedoch liest מחכמי
תורתיט ומשכיל[י]ח (s. Halberstam, Magazin, VII, S. 194). Geiger,
Jüd. Ztschft. IX. S. 142, der richtig Josef ibn Aqnin in dem
פילוסוף אחד „vermuthet", corrigirt das Wort in סכתח=Ceuta, ebenso
Salfeld, a. a. O. S. 209. Dass der anonyme Philosoph Josef ibn
Aqnin sei, hat, wie mich Herr Prof. Dr. Kaufmann aufmerksam
machte, früher als Geiger behauptet und bewiesen Sen. Sachs, Catal.
der Günsburg'schen Bibliothek, (Fragm.), 1869, S. 39, A. 24.

[1] Zu Gen. 22 mal, Ex. 23 mal, Lev. 21 mal, Num. 30 mal,
Deut. 16 mal. Also nicht, wie Kirchheim (a. a. O. S. 143) behauptet,
Raschi's Commentar werde bei B. am wenigsten genannt.

[2] Einl. zu s. Pent.-Comm.

gegenüber. Ausserdem, dass er Nachmani's Auslegung stets
denen Raschi's vorzieht[4]), weist er die des Letzteren sehr
oft als unrichtig zurück[5]), und nur einmal vertheidigt er sie
gegen Nachmani's Einwendung[6]). Ausser dem Pent.-Commen-
tare Raschi's, den B. im Gegensatze zu dessen Talmud-Com-
mentare[7]), סירוש התוש nennt, benutzt er die Commentare desselben zu den übrigen Büchern der heil. Schrift und über-
liefert uns Erklärungen, die wir sonst nicht kennen[8]).
2. Abraham ibn Esra fand zwar bei B. nicht die ihm
gebührende Führerrolle, sein Commentar wird aber trotzdem
oft genug von diesem benutzt und zwar dem Wesen des-
auch ohne den Namen Raschi's zu nennen, macht er vielfach
von dessen Commentar Gebrauch[9]). Raschi's Ansichten
gegenüber hat B. ein freieres Urtheil, als denen Nachmani's

---

[3]) So Gen. 1.1, 2.3, 4.7, 8.20, 15.18, 22.22, 32.12, 50.5; Lev.
1.4, 5.20, 6.2, 8.1.8, 11.19, 26.11; Deut. 1.17.19.36.41, 8.4, 14.17;
Mkr. 47b zu Jes. 34.4. Selten anonym: Ex. 18.9, 20.18: ותרש
חמפרשים.

[4]) Gen. 31.38, 37.2, 38.11; Ex. 21.9, 25,12, 30.34, 32.34; Lev.
25.10; Num. 28.7; Deut. 22.17.

[5]) Gen. 1.26: ואין צריך להכנם בכל הרוחק חזח, 2.8, 13.9, 34.3,
49.28; Ex. 20.18, 30.35; Lev. 10.4, Num. 7.89, 20.12, 22.40, 34.17;
Deut. 2.11, 38.7.

[6]) Ex. 8.5.

[7]) Den Talmud-Commentar Raschi's nennt er סירושי schlechthin
und benutzt ihn ohne nähere Bezeichnung der Stellen: zu Ex. 21.1
(Gittin 88b), 25.12 und 28.15 (Jona 72a); Lev. 16.4 (Jona 82b):
Deut. 7.25 (Ab. Sara 51a); 29.28 (Sanh. 43b); Mkr. 12b (Sanh.
49a); 84b (Berachoth 15b); 147b (Megillah 16a); 157a zu Ez. 37.13 ;
וחיא קללתו של אדם תראשון כל תדורות שין בחן findet sich Sabbath 152b,
wo die Stelle erklärt wird, in Raschi nicht.

[8]) Mkr. 13a zu Jes. 58.11 ובלעם ... יחליץ יחזק פ' ז׳ל רשי
אמן חמופח ופ׳ רש״י ; ferner Ex. 14.31 und Mkr. 8a: אשסרס״ש ו״ת יוזיין
ז׳ל רשקרייר בלעיז weder zur St. in Ex., noch zu II Sam. 14.20 und
auch nicht Berachoth 47a. Ferner Mkr. 46b: אין ע״ח שלמה רביע וכי.
בנבואות של חנביאים נבואות עתידות ונחמות מחזיקות סובות לקץ תגאולה.
כנחמת ירמיח ונבואה זו של ירמיה עתידה לכא בגאולה אחרונה שהרי לא
נחיתה בבית שני ע״כ לשוט בפירוש. Es mag dies eine weitere Recension
sein zu Jer. 31.39. Das. noch ופ׳ רשי ז׳ל [עמק תמגרים שנפלו שם פגרי
מחנח סנחריב] וכן ת״י פגרי משריח אתוראה, חשדמות מין נמנים כמו ומשדמות

selben entsprechend, mit wenigen Ausnahmen[9]), in der
Reihe der Peschat-Auslegung[10]), öfters anonym[11]) und
häufig ohne jede Anführung[12]). B. weist Ibn Esra's Erklärung oft als der Tradition widersprechend zurück[13]),
zieht ihr Nachmani's Ansicht vor[14]) oder stellt ihr die
eigene, als die richtigere, gegenüber[15]); bald lobt er sie
wieder als die zutreffendste unter allen[16]). Im ס׳ האמונה
והבטחון führt B. zwei Selichoth-Dichtungen Ibn Esra's an,
die derselbe für den Versöhnungstag verfasste[17]). 3. Samuel
ibn Tibbon wird zu Gen. 28.12 genannt, wo der Text
lückenhaft und corrumpirt ist. 4. David ibn Kimchi wird von
B. oft benutzt[18]), aber nur selten genannt[19]). Das Wörterbuch desselben führt B. stets unter dem, auch die Gram-

עטורה, שער הסוסים ת״י תרע בית ריסא דמלכא ע״כ לשוט ד״ל. Das Einge-
klammerte ist in Raschi z. St. zu lesen, das Uebrige nicht; der
Erklärung שדמות widerspricht Raschi's Uebersetzung das קנמני״א בלע״ז,
wie auch zu Deut. 32.32, II. Kön. 23.4, Jes. 168 und Hab. 3.7.

[9]) Bei kab. Auslegung: Gen. 32.4; Ex. 23.20; Lev. 10.1; Num.
23.4 u. s.

[11]) Gen. 1.26; Num. 1.45, 16.14; Deut. 15.1, 20.19, 28.27.

[12]) Gen. 3.6, 8.22, 21,33, 23.3 24.43; Ex. 6.2; Lev. 4.21,
17.7; Num. 7.3, 22.5; Deut. 2.29, 4.26, 5.18, 8.4, 26.5. 33.8. Mkr.
14a, b wörtlich zu Ps. 39.5, 49.7.8.

[13]) Lev. 12.4; Num. 22.6, 25.1; Deut. 15.1, 34.1.

[14]) Ex. 32.1, 33.18; Lev. 10.1; Deut. 5.5.

[15]) Num. 21.14 32.1; Deut. 28.27.

[16]) Num. 5.18, 23.4; Mkr. 144b.

[17]) Gl. u. Vtr. S. 9b und 31a. Mkr. 56a: והוא מאמר חזיים רחוק
רחוק משמי השמים וקרוב קרוב משארי ist aus einem reimlosen Gebete
des Ibn Esra; s. Dukes, נחל קדומים, S. 47 und Zunz, Ltgesch. der
syn. Poesie, S. 415.

[18]) Die Commentare Kimchi's zu Genesis, den Propheten und
Psalmen werden ohne Quellenangabe benutzt: Gen. 3.7, 14.21, 6.9
8.11, 9.5, 24.14; zu Jes. 38.1 in Ex. 20.7, 58.13 in Mkr. 173b
64.3 in das. 50b; Jerem. 7.4 in das. 71a s. v. ויש מפרשים; 17.2 das.
174a wörtlich; Ps. 49.15 in das. 20a, 109.4 in das. 41a.

[19]) Gen. 2.27, 6.8; Lev. 18.21 in den Ausgg. falsch רבי הח׳
אברהם, da sich die angeführte Erklärung in Kimchi's Commentar
zu II. Kön. 17.31 findet; Mkr 23a zu Jes. 22.

3

matik umfassenden, Namen מכלול ם׳ an[20]). 5. Moses b.
Nachman der Lieblingsautor Bachja's, wird von diesem
öfter denn alle anderen Autoren angeführt[21]), ihm wird
vor den übrigen stets der Vorrang gewährt[22]). Nachmani
wählt sich Bachja zum Führer für die, ihm hochwichtige,
kabbalistische Auslegungsweise der Thora[23]). N. ist ihm
„der Lehrer" schlechthin[24]), dessen Worte er zum Gegen-
stande seiner Erklärung macht[25]). Die Hochschätzung des
grossen Nachmanides hält trotzdem B. nicht ab, die Ansichten desselben öfter zurückzuweisen, er thut dies aber
in der bescheidensten Form[26]). Die übliche Anführung
lautet: כתב הרמב׳ן ז׳ל, einigemal ist die anonym citirte Erklärung in Nachmani zu finden[27]), öfters benutzt ihn B.
ohne seiner Erwähnung zu thun[28]). Ausser dem Pent.-
Commentare des Nachmani benutzt B. den Job-Commentar
desselben[29]), die Novellen zum Tractate Schabuoth und
Nedarim[30]), endlich das שער הגמול[31]), wie auch einen Piut

---

[20]) Ex. 16.14 = s. r. בדלח; Num. 11.22 = s. r. מצא, 24.11 =
s. r. ברח.

[21]) Zu Gen. 80 mal, Ex. 65 mal, Lev. 40 mal, Num. 28 mal
Deut. 35 mal.

[22]) Ex. 20.22: וכל רש׳׳י פירש; ותוא תגכון מכל שנאמר בו; Ex. 32.25:
הרמב׳ן ז׳ל שפירש מה והגכון . . . המפרשים; Lev. 25.10; s. auch bei den
einzelnen Autoren: Raschi, Ibn Esra, Maimuni.

[23]) Einl. z. s. Pent.-Comm.

[24]) חרב: Gen. 28.12, Ex. 3.14, 14.20, 23.22, 32.25 u. s.

[25]) Gen. 6.18; Ex. 12.12; Lev. 20.3 u. s.

[26]) Ex. 31.10 מי זה שיבא אחר חמלך אבל במחילה ממטו אומר, sonst
zu Gen. 15.6; Ex. 3.2.4; Num. 6.11, 16.15 als mit der Tradition
und Ex. 20.1 mit der Kabbala unvereinbar.

[27]) Gen. 18.22, 48.20; Deut. 28.27, 29.17 (das letzte Mkr. 78 b
im Namen Nachmani s mitgetheilt).

[28]) Gen. 1.21.29, 2.9, 3.15, 6.7, 28.21; Ex. 10.2; Lev. 2.11.
7.30, 8.8, 13.10; Deut. 8.9, 32.20, 33.2.

[29]) S. o. Abschnitt II. שבע שמות; auch zu Gen. 1.4 = Job 38 21,
in den Ausgg. falsch: הרמב׳ן statt כמו שפירש הרמב׳ם בפ׳ איוב.

[30] Num. 30.2.3. 30.16.

[31]) Deut. 30.15.

von Nachmani[32]). 6. Jona b. Abraham Gerondi, der Fromme
oder der Heilige, wie er bei unserem Autor stets heisst,
verfasste ausser seinen ethisch-asketischen Werken einen
philosophischen Commentar zu den Proverbien[33]), den B.
excerpiert hat[34]). 7. R. Nathan, der Grossvater Bachja's[35]),
wird zu Num. 12.4 genannt und die Erklärung des Verses
in seinem Namen mitgetheilt. 8. Dan Aschkenazi verkehrte
mit B. persönlich und dieser theilt uns die Erklärung
zweier Bibelstellen von demselben mit[36]). 9. Ungenannte
Exegeten sind ausser den bisher angeführten in B.'s Pent.-
Commentare öfters anzutreffen.

G. Zur Geheimlehre gehörige Schriften und kabbalistische Autoren.

a. Pirke R. Elieser wird von Bachja bei kabbalistischen Erklärungen und auch sonst oft angeführt[1]). b.
Pirke Merkaba benutzt zu Gen. 1.10[2]). c. Pirke Hecha-

---

[32]) Ex. 20.1. Der angeführte Piut ist das מסתגאב לר״ה des
Nachmani, das in Geiger, Melo chofnaim, Berlin 1740, S. 39ff mit-
getheilt ist Dies hat nachgewiesen Dukes, Kobak's Jeschurun,
III S. 15 S. auch Zunz, a. a O. S. 477.

[33]) Der Commentar ist handschriftlich in Oxford (s. Neubauer,
Cat. No. 334.1) vorhanden und nicht verloren, wie dies Kirchheim
(a. a. O) glaubte; jedoch war die Handschrift nicht zu erlangen und
wir müssen daher unentschieden lassen, in wie fern B. von dem
Jona'schen Commentar abhängt.

[34]) Einl. zum Pent. Comm. הוא הרב הגדול רבינו יונה ז״ל . . .
אשר ל׳ ספר ההוא (משלו) חבר פירוש ועשה אזנים . . . ורוב עקרו של ספר
אכלול בתורה בראשי פרשיות.

[35]) S. oben, Abschnitt I. Anm. 2.

[36]) Ex. 2,21 und 24,11.

[1]) Gen. 1.3, 2.3, 14,33, 17.13, 28,12, 36.38, 37 33; Ex. 14,20,
24, 19.13, 20.7, 25.2, 32.4, 38.21; Lev. 1.9, 16.8, 23.1; Num. 11.16
18.28, Deut. 8.4, 11.27 u. a.

[2]) Nach Jellinek, Beth-Hamidrasch III, S. XX ist dies der
Name für היכלות רבתי, die er edirt, jedoch findet sich die von B.
angeführte Stelle: נמצא בפרקי מרכבה בשעה שהקב״ה יורד משמי שמים
מתשע מאות וחמשים וחמשה רקיעים וישב על כסא כבודו בערבות כל שערי רקיע
וכל שערי ערבות אומרים שאו שערים ראשיכם nicht in dem Texte das.

loth³). d. Massecheth Gan-Eden zu Ex. 20.8⁴). e. Alfabet
des R. Akiba im Mkr. 32b. f. Das Buch Jezirah benutzt
B. ausschliesslich bei kabbalistischen Auslegungen und
nimmt oft Rücksicht darauf⁵). g. Bahir oder Midrasch des
R. Nechunja b. Hakana⁶) ist eine der Hauptquellen zu den
kabbalistischen Erklärungen Bachja's. Dieses kleine Büchlein,
dessen Alter noch immer unentschieden⁷), wie sein Text
schlecht und verdorben⁸) ist, macht „eine Epoche in der Ge
schichte der Kabbala", denn mit ihm fängt die Entwickelung
der Sephiroth-Lehre an. B. betrachtet es als ein altes
Werk⁹) und benutzt es sehr häufig¹⁰), wobei er einen

---

³) Zu Gen. 36.38 nur der letzte Satz von dem, was zu 44.17
in extenso mitgetheilt wird und eine entschieden bessere Recension
ist, als die von Jellinek, Beth.-Ham. III, 86f, herausgegebene!

⁴) Die Stelle bei Jellinek, B. H. V, S. 48; B. bemerkt dabei:
ומדרש זה לא ידעתי חיבן הוא אבל שמעתי כי נמצא לרד״ל בם׳ הנקרא מסכת
גן עדן או פרקי גן עדן כעין פרקי היכלות פרקי מרכבות ופרקי צורך ארץ.

⁵) Gen. 17.17, 28. 13, 29.3, Ex. 15.3, 38.22, 35.35, Lev. 14.10,
Num. 4.49, 19.1, 26.20, Deut. 3.89, 17.15, 19.2, 33.8, Bl. u. Vtr. 9b
22b, 27b, Mkr. 175a.

⁶) So nennt es B. nur einmal: Mkr. 126b, sonst immer הבחיר ס׳.

⁷) Landauer, Orient VI, Lbl. S 215 hält Isak, den Blinden
für den Verfasser. Die Unhaltbarkeit dieser Ansicht bewies Jellinek,
Moses b. Schemtob etc. Leipzig 1851, S. 20 A. 24; richtiger
scheint ihm Schem-Tobs Meinung, das Buch sei aus Deutschland
nach Spanien gekommen und demzufolge glaubt er, gestützt auf
die Stelle, Bahir, ed. Amsterdam 6b: שאלו תלמידיו את ר׳ אליעזר
Elieser aus Worms könnte der Verfasser sein. Diese Vermuthung
weist Gross, Monatsschrift 1881, S. 563 als unbegründet zurück
und gelangt zu dem Schlusse, dass Asriel b. Menachem der Autor
des הבחיר ס׳ sei, jedoch sind die Beweise Gross' bei Weitem nicht
so zwingende, dass die Untersuchung über das Alter des Bahir,
das er gar zu weit herabsetzt, als geschlossen betrachtet werden
könnten.

⁸) Ed. Amsterdam 1651 und der genaue Abdruck derselben,
ed. Berlin 1706 sind voll von Fehlern und Textverstümmelungen,
etwas besser. aber genug schlecht ist die Ausgabe mit Commentaren,
Wilna 1883. die angeblich nach einer Handschrift aufgelegt wurde.
Wie es sich aber mir. nach dem Vergleiche dieser Ausgabe mit den
Handschriften des Bahir (Leyden Cod. Worn. 82 und Hamburg,

bedeutend besseren Text zeigt, als die landläufigen Ausgaben[11]). — h. Midrasch des R. Simon b. Jochai ist der Name
des Sohar bei B.[12]), wie er ihn zweimal anführt[13]). B.
kennt also den mit ihm gleichaltrigen Sohar, steht aber
nicht unter seinem Einflusse und benutzt ihn sonst kaum[14]).

1. Isak, der Blinde, Sohn des Abraham b. David aus
Posquiers gilt B. als Autorität auf dem Gebiete der Kabbala[15]) und er führt im Namen desselben mehrere Erklärungen an, die er nach mündlicher Ueberlieferung ver-

---

Stadtbibl. Cod. 29) ergab, wäre es zur Erkenntnis des reinen Bahir,
Textes unbedingt nothwendig, eine Ausgabe nach den genannten
Handschriften, deren Copien ich nun besitze, zu veranstalten, denn
nicht nur dass die Handschriften Hunderte von Varianten bieten
sondern sie enthalten ganze Stücke, welche in den Ausgg. fehlen.

[9]) Gen. 18.3: וכמו שדרשו רבותינו זכ״ל בס׳ הבהיר, Num. 6.24 nennt
er es auch מדרש הבהיר. Aber nicht nur Kabbalisten, wie B. es ist,
sondern bedeutende Denker hielten für das hohe Alter des Bahir,
s. Gross, a. a. O. S. 557.

[10]) In seinem ס׳ האמונה והב׳ und Pent.-Commentar 28 mal.

[11]) Um nur eine Probe zu geben, verweisen wir auf die Aus-
übrung zu Ex. 4 22, wo B., übereinstimmend mit den Handss.
Leyden und Hamburg, liest: שאלו תלמידיו את ר׳ אליעזר רבינו מה דכתיב
קדש לי כל בכור וכי הקב״ה הוי בכור א״ל אין, קדש לי כל בכור אלא שנתקדש
ונקרא על שם ישראל דכתיב בני בכורי ישראל כביכול עמהם היה בשעת השעבוד
והיינו דכ׳ שלח את בני ויעבדני ולא בכורי; אמר ר׳ רחומאי מ״ד שלח תשלח את
האם... Vgl. dagegen ed. Amst. 6b und Wilna 11a.

[12]) S. über diesen Namen des Sohar bei anderen Autoren,
Frank-Jellinek, die Kabbala, S. 292.

[13]) Gen. 1.20, findet sich genau so Sohar, ed. Cremona, Col.
124; ferner Ex. 21.22: כי ינצו אנשים זה מיכאל וסמאל.

[14]) Ueber Alter und Abfassung des Sohar s. Frank-Jellinek,
a. a. O. S. 66 - 101; D. H. Joel, die Religphilos. des Sohar, Lpzg.
1851, S. 72 ff; Jellinek, Moses b. Schem-Tob etc., ferner Btr. I,
30—35, II. 72.

[15]) Gen. 32.10 nennt er ihn אבי הקבלה, was seine anerkannte
Autorität bedeuten soll (ebenso wird Nachmani אבי החכמה benannt),
nicht wie Grätz, Gesch. VII, Note 2 behauptet; Urheber der Kabbala,
auf den die Entstehung dieser Wissenschaft von B. zurückgeführt
werde.

nommen hat[16]). 2. Elasar b. Jehuda aus Worms wird von
B. zweimal angeführt[17]). 3. Esra oder Asriel b. Menachem,
deren Identität noch immer bestritten wird, finden wir bei
B. unter beiden Namen angeführt[18]).

H. Nichtjüdische Schriften und Autoren.

1. Das Buch der Steine von Aristoteles soll über die
Wunderkraft der verschiedenen Steine handeln[1]). 2. Der
Brief des Galenus wird bei einer astrologischen Erklärung
angeführt[2]). 3. Naturwissenschaftliche Schriften, „Bücher
der Aerzte", werden einigemal ohne speziellere Angabe
benutzt[3]). 4. Averroes oder Ibn Roschd, von den jüdischen
Religiosphilosophen oft benutzt, erscheint bei B. einmal
angeführt[4]).

---

[16]) Gl. u. Vtr. 8a כך שמעתי מפי חחסיד ר' יצחק בן חרב חגדול ר'
אברחם זצ"ל, wie es auch die Münchener Handd. lesen, muss מפי
Abkürzung von מפירוש sein, wie bei Isak b. Menachem (vgl. oben).
Dieselbe Erklärung zu Deut. 5.27 als קבלת החכם ר' יצחק בן חרב ז"ל
mitgetheilt; sonst gewöhnlich כך שמעת [קבלתי] בשם S. 9a; 9b,
22a; das das. 18a Angeführte ist in derselben Form zu Gen. 32.10 zu
finden, somit auch ein Zeugniss für die Autorschaft B.'s.

[17]) Deut. 6.4 und Mkr. 82b dasselbe; ferner ס' חא' וחב' 23a.

[18]) Ihre Identität bewies Jellinek, Btr. II.33, und dafür
sprechen auch B.'s Anführungen, zu Num. 15.32: כ"ז החכם רבי
עזריאל ז"ל בס' שח"ש שחבר und ס' חא' וחב' S. 11a, 12a,b, 19a,b, 21a,
22b, 24b, 27a, 29b stets unter dem Namen R. Esra. Die Handschrift Leyden, Cod. Warn. 32 beginnt: פירוש שח"ש של ר' עזרא ז"ל
und hat den Commentar des R. Asriel. Die Verschiedenheit der
beiden behauptet Grätz, Gesch. VII. S. 49 und 67 und dasselbe
sucht zu bekräftigen: Gross, a. a. O. S. 566.

[1]) Ex. 28.20: וראיתי בס' חאבנים שחבר חפילוסוף; Aristoteles soll
wohl gemeint sein Lev. 12.1: זה דעת החכם ראש חפילסופים עם קצת רעיותיו

[2]) Deut. 18.9: וראיתי בס' ידיעת חכוכבים ורוחניות שלחם הנקרא אגרת
נליונרים ... aus dem arabischen Originale übertrug B. die angeführte
Stelle in's Hebräische. Vgl. über seine Sprachkenntnisse, Abschnitt VI.

[3]) Ex. 28.17; Gen 1.28 und Num. 21.8.

[4]) Gen. 9.13.

1. Zeitgenossen.

1. Josef b. Samuel nennt B. als solchen, von dem er mündlich kabbalistische Auslegungen empfangen, der also sein Zeitgenosse war[1]). 2. Rabbenu Simon, zweimal[2]), 3. Samuel hakohen und 4. Isak Todros je einmal angeführt[3]), waren ebenfalls Zeitgenossen B.'s, über die wir jedoch nicht viel Näheres wissen.

Nachdem wir nun die von Bachja benutzten Quellen kennen gelernt haben, wollen wir zur Darstellung seiner Schrifterklärung schreiten. Wir versuchen die vier von ihm berücksichtigten Auslegungsarten einzeln zu beleuchten, so wie sich dieselben auch in seinem Commentare stets getrennt von einander finden.

VI. Derech h-ap'schat oder die einfache Schriftauslegung.

„Der erste der vier Wege ist der Weg der schlichten Erklärung"[1]), die Erforschung dessen, was die Schriftworte in ihrem einfachen Gewande einem Jeden von uns sagen wollen. Denn wenn gleich denselben ein mehrfacher Sinn innewohnt[2]), dass sogar ein jedes Wort der Thora vielfach gedeutet werden kann[3]), dürfen wir dennoch von dem alten Grundsatze nicht lassen, dass der Vers des einfachen Wortsinnes nie verlustig werden kann; die Ermittelung desselben ist eine der Methoden zur Erläuterung der Thora[4]), daher hat auch Niemand das Recht den Schrifttext seines schlichten Sinnes völlig zu entkleiden[5]). Bachja macht

---

[1]) Gl. u. Vtr. 9b und 27a.
[2]) Num. 14.18, 28.7.
[3]) Ersterer zu Ex. 8.4, letzterer zu Ex. 15.2.
[1]) Einl. zum Pent.-Commentar: הדרך הראשון דרך הפשט אזכור ואשמור כאישון, שם אכתוב דעת הראשונים ... רבינו שלמה ז"ל ... רבינו חננאל ז"ל.
[2]) Gen. 1.27; Ex. 82.15; Mkr. 60a und 117a.
[3]) Deut. 7.2.
[4]) Gl. u. Vtr. 18b und Gen. 2 18.
[5]) Gl. u. Vtr. das.; Gen. 14.14: אין לנו להוציא המקרא מידי פשוטו.

also, wie es seine Worte beweisen, mit der P'schaterklärung
völlig Ernst. Der Mangel seiner Schrifterklärung besteht
darin, dass er die schlichte Erklärungsweise nicht genug
in den Vordergrund stellt und darunter nicht die geläuterte
Methode eines Ibn Esra oder Samuel b. Meir[6]) versteht,
sondern hierfür Raschi und R. Chananel sich zu Muster-
bildern nimmt[7]). Er steht ganz unter ihrem Einflusse,
mengt oft agadische Deutung in die P'schatauslegung und
äussert er sich auch dahin, der Midrasch sei von der einfachen Erklärung zu sondern[8]), so gilt ihm doch manchmal
die fernst abliegende Agada als schlichter Sinn[9]), ja er
behauptet, den wahren, einfachen Sinn mitunter nur auf
kabbalistischem Wege finden zu können[10]). Um an der
richtigen Auslegungsweise festzuhalten, fehlte ihm die
nöthige Unbefangenheit, er wurde zu sehr vom Geiste der
Zeit beherrscht und seine klaren Ansichten von einer wahrhaft nüchternen Exegese werden durch seine mystische
Bildung beeinflusst und getrübt. Er geht mit der vor-
gefassten Meinung, mit der bewussten Absicht an die

---

[6]) Der glänzendste Vertreter der wahrhaft schlichten Exegese
in Nordfrankreich; s. über ihn: Rosin, Samuel b. Meir als Schrifterklärer, Breslau 1878.

[7]) Raschi hat, wie bekannt (רשב״ם zu Gen. 37.3), selber seinen
Commentar als der, noch bei seinem Leben sich entwickelnden, P'schatauslegung unentsprechend bezeichnet. Ibn Esra charakterisirt Raschi
als Anhänger der Derasch-Auslegung, der nur äusserst selten eine
Erklärung gegeben, die schlicht zu nennen wäre (Einl. zu שפה
ברורה). Wenn auch Ibn Esra's Kritik, als übertrieben, zurückzuweisen und Raschi wirklich der Bahnbrecher für P'schat-Erklärung
ist (s. darüber: Bacher, Abr. ibn Esra's Einleitung, S. 432., so
hätte B. gewiss in Ibn Esra ein besseres Vorbild für diese Art
der Schrifterklärung finden sollen. Auch das zweite Musterbild
Bachja's, R. Chananel, hatte keineswegs den Weg der wahren,
nüchternen Exegese gefunden, wie dies vorzüglich aus den bei
unserem Autor angeführten Stellen ersichtlich ist. (S. den vorigen
Abschnitt, S. 27.)

[8]) Deut 25.6.

[9]) Gen. 24.62. פשט הכתוב הוא שדרשו ז״ל.

[10]) Deut. 25.8 und sonst: s. Abschnitt IX.

Commentirung der Thora, in derselben bestimmte Probleme
gelöst, bestimmte Anschauungen ausgesprochen zu finden[11]).
So wird seine Exegese tendenziös, denn er verfolgt von
vornherein mit klarem Bewusstsein das Ziel, zu zeigen,
dass ausser der schlichten Auslegung, die anderen von
ihm bezeichneten Arten der Exegese, ebenso berechtigt und
zu berücksichtigen sind[12]). Wir begingen aber ein Unrecht,
die Leistung Bachja's nur nach dieser Seite hin beurtheilen
zu wollen oder uns von dem kabbalistisch-mystischen An-
strich seines Commentars einnehmen zu lassen. Wir müssen
bei der Schätzung seiner Leistungen den Maassstab anlegen,
der sich uns aus den Geschichts- und Culturverhältnissen,
unter denen B.'s Exegese entstand, ergiebt. Dann werden
wir finden, dass B. als Exeget über seine Zeit hinausragt,
denn obwohl Kabbalist mit ganzer Seele, der mit Vorliebe
in den Hallen des Geist uud Phantasie umstrickenden
Mysticismus weilt, sich mit regem Eifer in die dunklen
Speculationen der Geheimlehre vertieft, lässt er nicht von
dem festen Principe, dass die h. Schrift in erster Reihe
in ihrer erhabenen Einfachheit begriffen werden muss und
nicht etwa einer alleinherrschenden Allegorese unterworfen
werden darf. Er räumt der schlichten Auslegungsart
mindestens so viel Recht ein, wie den anderen sich ihm auf-
drängenden Arten und bringt dieselbe auch durchgehends
zur Anwendung. Er lässt sich bei der Erläuterung des
Schrifttextes von allgemeinen Gesichtspunkten und bestimmten Principien leiten, die ihn zur Aufstellung und Anwendung exegetischer Regeln führen, zum klaren Beweise
dessen, dass er ein richtiges Verständniss für die charakteristischen Eigenschaften der Bibel besessen. Die Thora
spricht zum garzen Volke, lautet einer seiner Grundsätze,
sie muss daher in einer der Gesammtheit verständlichen
Weise reden. So müssen wir die anthropomorphistischen

---

[11]) S. w. unten, Anf. Abschn. VIII.
[12]) S. oben S. 40 und Abschn. IV.

Ausdrücke der Thora erklären. Sie will die Existenz Gottes dem Volke nur fester einprägen, deshalb trägt sie ihre Begriffe vom Höchsten, unserem beschränkten Gesichtskreise gemäss, in dieser Form vor; da wir als irdische Geschöpfe auch das rein Geistige nur durch sinnliche Vorstellungen erfassen können.[13]) Da nun die Gotteslehre nicht für einige Auserwählte, sondern zum Gemeingut der Menge bestimmt war, konnte sie nicht Alles vollständig auseinandersetzen, denn es wäre dies dem Verständnisse der Gesammtheit nicht anzuvertrauen gewesen. Sie muss sich vielmehr in gewissen Fällen mit kurzen Andeutungen begnügen und auf die mündlich überlieferte Erklärung stützen, wie dies bei den wichtigen Gesetzen und Vorschriften für das religiöse Leben der Fall ist[14]). Wir müssen daher die Auslegung unserer Weisen als bindend anerkennen, aber dabei es als unsere Pflicht betrachten nach eigenem Vermögen in den wahren Sinn der Schrift einzudringen und zu ihrer Erklärung beizutragen[15]).

Diesem Principe gemäss verwendet B. in seinem Pentateuch-Commentare die Halacha sehr häufig und zwar als die einfache Erklärung der Gesetze, die in dem Schriftworte ausgesprochen oder angedeutet ist und mit ihr kommt auch B. nie in Widerspruch[16]). Die kurze Fassung der

---

[13]) Gen. 1.27. Sehr bezeichnend ist diese Auffassung für B. den Kabbalisten; er besiegt seinen mystischen Hang und will bei der Vorstellung des höchsten Wesens alle sinnlichen Begriffe beseitigt wissen. Er verurtheilt somit die krassen Anthropomorphismen kabbalistischer Art, wie sie auch das Buch „Bahir" hat; er schliesst sich Maimuni's Ansicht an (Moreh I.26) und nimmt auch die von demselben gegebene Erklärung des Satzes דברה תורה כלשון בני אדם an. Gen. 6.6 erklärt ויתעצב אל לבו wie Kimchi (z. St.), es sei דרך משל und ähnliche Ausdrücke dürfen nur in übertragenem Sinne verstanden werden. Ferner: Ex. 19.20; Num. 24.4; Deut. 11.2.

[14]) Lev. 23.24; Mkr. 167b; so z. Bs. die Gebote der Schaufäden, Phylakterien, des Schofar u. A. sind ohne die traditionelle Erklärung unausführbar.

[15]) Gl. u. Vtr. 9b.

[16]) Lev. 1.3: Ueber das Schlachten des Opferthieres und die dabei

einzelnen Schriftstellen — sagt B. wieder an anderer
Stelle — finden wir aber nicht nur bei Dingen, die das
praktische Leben betreffen und durch die Tradition näher
bestimmt werden, sondern auch höhere, theoretische Lehren
werden in knapper Darstellung gegeben[17]), ja die wichtigsten
dieser Art sind nur in Andeutungen zu finden[18]). Während
es aber die Art der Thora ist, sich einerseits kurz zu
fassen[19]), behandelt sie andererseits Manches mit der
grössten Ausführlichkeit[20]). Hauptsächlich finden wir, dass
besonders wichtige Dinge öfter wiederholt werden[21]), auch
hebt manchmal die Schrift das Allgemeine neben dem

üblichen Ceremonien, 5.6: Ueber das an Vermögensverhältnisse
geknüpfte Opfer, 5.20: Ueber unrechtmässiges Aneignen einer
fremden Sache, ferner 6.21, 7.26, Deut. 5.12, 7.26: dass ein Jude
sein Haus an keinen Götzendiener vermiethen dürfe, wobei B. mehrere
Ansichten von Decisoren anführt, 26.20. Oft hat B. ganze halachische
Erörterungen, Ex. 21.26 – 22.6: über die Sklavengesetze, Lev. 16.14.20
Num. 30: Ueber religiösen Schwur und über Gelübde, Deut. 15.1:
Ueber das Erlassjahr. Die Beispiele liessen sich noch beträchtlich
vermehren, es mögen aber die angeführten genügen, auf diese Seite
des Bachja'schen Pent.-Commentars hinzuweisen, die ihre Entstehung
dem Talmudgelehrten und nicht dem Exegeten verdankt.

[17]) Mkr. 167 b.

[18]) Lev. 23.24, so ist die wichtige Lehre vom Jenseits nirgends
klar ausgesprochen. So ist zu erledigen -- zu Deut. 32.39 --- die
Frage betreffend der Nichterwähnung der Unsterblichkeitslehre; sie
ist ein Beweis ihrer unumstösslichen Gewissheit.

[19]) Ex. 35,1, Num. 4.25: אחזה הכתוב דרך קצרה

[20]) So Gen. 24: die Werbung Eliesers um Rebekka, Ex. Ende:
die Anfertigung und Einrichtung der Stiftshütte, Num. 7.8: die
Opfer der 12 Stammesfürsten, was B. verschiedenartig zu erklären
sucht. Eben dadurch ergänzen sich einzelne Stellen gegenseitig, so
Gen. 18.6 näher bestimmt durch 19.3: מצות, Ex. 2.1 durch 6.20,
Num. 24.14 was Bileam dem Balak gerathen ist aus Num. 31.16
zu ersehen (s. Raschi z. St.)

[21]) Deut. 12.23: דרך התורה בדברים החמורים להזכירן פעמים רבות, z.
Bs. das Verbot des Blutgenusses sei 7 mal wiederholt des Nachdruckes
halber, das Gebot des Sabbat mehreremal, der Auszug aus Aegypten
Anfang und Grundlage des jüdischen Volkslebens, ist ihrer Wichtigkeit
wegen 50 mal in der Thora erwähnt.

Besonderen hervor[22]). Aber nicht nur im Einzelnen bietet
der Bibel-Text Stoff zur Erklärung; die h. Schrift als ein
Ganzes betrachtet, finden wir in der Anordnung der fünf
Bücher Mosis und dem Aneinanderreihen ihrer Capitel
und Verse einen bestimmten Zweck und weise Grundsätze
befolgt, die uns einen inneren Zusammenhang derselben
erschliessen[23]). Wenn nun die Anordnung der einzelnen
Abschnitte ihrem Inhalte nach unmöglich erscheint, so
müssen wir den alten Grundsatz vor Augen halten, dass
die Thora oft das früher Geschehene später berichtet[24]).
Die Reihenfolge der Bücher Moses ist in ihrem Inhalte
begründet, sie bilden zusammen einen einheitlichen Bau.
Das erste Buch ist die Genesis, weil sie sich mit Welt-
schöpfung, der Grundlehre des Glaubens, beschäftigt.
Durch den Glauben an die dargestellte Schöpfung gelangt
man zu der Einsicht, dass die allweise und allgerechte
Fürsorge Gottes in der Welt walte. Er lenkt das Schicksal
der Menschen, von ihm kommt Lohn und Strafe, wie dies
die Geschichte des ersten Menschenpaares und seiner
Familie, die Sintfluth und die übrigen Ereignisse der Genesis
beweisen sollen. Der Glaube an diese Weltordnung führt
zum Monotheismus, dessen herrliche Offenbarung das zweite
Buch: Exodus behandelt, verbunden mit der frühesten
Geschichte der Nachkommen der Erzväter, die, durch ihre
Glaubensstärke inmitten des Heidenthums, als Begründer
des monotheistischen Glaubens zu betrachten sind. Ausfluss des Gottesglaubens ist der jüdische Opfercultus, Haupt-
gegenstand des Leviticus. Der Opfercultus kommt aber
nur im h. Lande zur Durchführung, deshalb reiht sich an
den Priestercodex Numeri an, welches Buch ein Bild des
zu erobernden Landes entrollt und den Grund der ver-
späteten Besitznahme desselben in den Sünden des Wüsten-

---

[22]) Gen. 49.28.
[23]) Gen. 23.1.
[24]) Gen. 21.18: Die Erzählung von Hagar, die mit Ismael von
Abraham fortzieht, Ex. 32.1: Die Geschichte des goldenen Kalbes.

geschlechts angiebt. Das fünfte Buch endlich: Deuteronomium
ist theilweise eine Wiederholung des früher Gesagten und
bildet mit neuen Gesetzen den Schlussstein im Gebäude
der Thora²⁵). Ebenso sucht und findet B. oft zwischen
den einzelnen Versen und Abschnitten den Zusammenhang²⁶).
Wir gelangen somit zur Ueberzeugung, dass B., der Mystiker,
der einfachen Auslegung das ihr gebührende Recht zuer-
kannt und auch im Stande ist, in den wahren Sinn der
Schrift einzudringen, sie von einem nüchternen Standpunkte
aus betrachtend zu erläutern. Und musste auch die sich
bei ihm breitmachende allegorisirende, die philosophische
sowohl als die kabbalistische, Art der Erklärung, mit denen
die Auslegungsweise des Midrasch ja Vieles gemein hat,
den Sinn und das Verständniss für die allein richtige
Exegese trüben und die Grenzen der einfachen Schriftauslegung zum Nachtheile des Commentars einengen, so liefert
er doch Erklärungen in nicht geringer Zahl, die dem Schriftsinne voll entsprechen, wie wir dies aus den gelegentlich
schon angeführten Beispielen ersehen und an noch einigen
beweisen wollen. So will B. ganz abweichend von der
gewöhnlichen Erklärung, gleich dem ihm unbekannten
Samuel b. Meir²⁷), in Ex. 1.21: „Da machte er ihnen
Häuser" Pharao als Subjekt annehmen²⁸). Rein sinngemäss

---

²⁵) Einl. zur Perikope דברים.

²⁶) Gen. 9.5 und 6: Wenn keine Zeugen den Sünder seiner
Schuld überführen können, so fordere ich, der Allwissende, Rechen-
schaft über das vergossene Blut, wird aber der Thäter gefunden,
soll er die Todesstrafe erleiden. Gen. 18.1 wird der enge Zusammenhang mit dem früheren Abschnitte schon durch das Fürwort אליו
gezeigt; 23.1; Ex. 18.1; 21.20 ff: die Anordnung der Verse geht von
dem Gesichtspunkte der Strafe aus, fängt mit dem verhältnissmässig
schwersten Vergehen an und schliesst (28 f.) mit dem leichtesten,
30.18, 37 1, Lev. 6 und 7 ist eine Abstufung der Opfer nach ihrer
Wichtigkeit der Leitfaden in der Ordnung derselben; 14.85 ff, 15.33;
Num. 8 6, 14.32, Deut. 2.16, 16.18.

²⁷) Sam. b. Meir z. St. bezieht jedoch das להם sinngemässer
auf die Hebammen.

²⁸) B. erklärt den Vers folgendermassen: Nachdem Pharao

erklärt er, gegen Raschi und Nachmani, Deut. 17.8 beziehen
sich die Worte בין דם לדם auf die Todesstrafe. Lev. 9.7:
löst B. treffend die Schwierigkeit der scheinbar unstatthaft
angewandten Worte ובער העם, indem er darunter die Familien
der Priester und Leviten verstanden haben will [29]. Nicht
minder ansprechend erklärt er Ex. 12.13, das Besprengen
der Thürpfosten mit dem Blute des Passahlammes war
nicht ein Zeichen für Gott, wie dies aus Cap. 12.23 zu
folgern wäre, da ja Gott keines solchen bedarf; sondern
es war dies ein Beweis des festen Gottvertrauens. Wer
nämlich den Muth besessen, zu opfern, was den Aegyptern
ein Gräuel war und dies noch durch ein offenes Zeichen
kund zu thun sich nicht fürchtete, der bewies damit, dass
er unerschütterlich auf Gott vertraue und würdig der Erlösung sei [30]).

Parallelstellen und Analogien benützt B. zur Begründung
seiner Erklärungen in sehr grossem Maasse [31]). Es ist dabei die
Eigentümlichkeit B.'s, die als Beweise erbrachten Stellen mit-

---

sah, dass die Hebammen seine Befehle umgingen, liess er den Kindern
Israels, die bisher gesondert wohnten, unter den Aegyptern Wohnungen
anweisen, damit die Ueberwachung derselben eine grössere und die
Durchführung seines Erlasses eher möglich sei.

[29]) Diese Erklärung B.'s, die er der Nachmani's gegenüberstellt,
ist חיי so einleuchtender, als Lev. 16.11 den Worten ובער העם entsprechend ובער ביתו gesagt und 21.1 u. 4 das Wort auch in diesem
Sinne gebraucht ist.

[30]) Ohne es für die Quelle B.'s zu halten, bemerken wir, dass
Abraham ibn Daud אמונה רמה, ed. Frkfrt. a. M. S. 79 dem Verse
eine gleiche Deutung giebt.

[31]) So meint er, kann der anstössig erscheinende Ausdruck
Mose's (Ex. 5,22) למה הרעתה unmöglich in dem einfachen Sinne
verstanden werden, da er dann Lästerung enthielte und Mose ihn
(Num. 11,11) nicht wiederholt hätte. Auffallend ist seine Erklärung
zu Gen. 34.17: בתנו sei gleichbedeutend mit אחותנו, wie II. Kön. 8.18
בת אחאב, wo das Targum auch in diesem Sinne übersetzt. Wir
können hier keine grössere Probe der Erklärungen Bachja's geben
und verweisen nur noch auf mehrere: Gen. 18.10, 92.2, 26.12,
Ex. 8.22 (Gl u. Vtr. 28 b), 20.2, 20.25, 21.3, 22.40, 25.4, 34.30,
Lev. 4.13 (Mks. 43a), 5.10.15, 6.1, 16.2, Deut. 2.6, 4.23, 11.26,
29.11 8.41 u. s.

zuerklären und er bietet so Proben seiner Exegese auf
weiterem Felde, als dem des Pentateuchs. Hauptsächlich
in seinem Mehlkruge finden wir Erläuterungen grösserer
Stellen ans der Bibel, jedoch leistet er auf diesem Gebiete
nicht viel Selbstständiges; trotzdem erhalten wir von ihm
manche bemerkenswerthe und treffende Auslegung[32]).
Weniger glücklich als auf dem allgemein-exegetischen
Gebiete, ist B. auf dem sprachlichen. Er behauptet, dass
die Bibel sich öfters der aramäischen Sprache bediene[33])
und verfällt dadurch auf unrichtige[34]), ja ganz abenteuerliche
Erklärungen[35]), wenn er auch einigemal den richtigen nahe-
kommt[36]). Diese Ansicht B.'s führt uns zur Besprechung
seiner grammatischen Kenntnisse. Jedoch ist der Stoff
hierfür in seinen Schriften viel zu gering, um über seinen
Standpunkt auf dem Gebiete der Grammatik ein genaues
Urtheil abgeben zu können. Die Grammatik steht in seiner

---

[32]) Vgl. zu Gen. 6.6 (Sech. 3.9), 15.1 (Job 35.15), 28.13
(Amos 7.7), Ex. 20.7 (Jes. 48.1), (wenn den Ausgg. zu trauen ist
las B. מטע statt מכי), 21.6 (I. Sam. 22), Lev. 5.15 (I. Kön. 20.18),
Num. 16.22 (Ez. 1.14), 32.1 (Ps. 75.7.8 und I. Chron. 5.26), Mkr. 28b
(Ps. 118.15), 48a (Ri. 11.37 und Jes. 34.7), 52b (Ps. 86 1', 66a)
(Jes. 29 22), 71a (Jes. 7.31), 110a (Jes. 40.12).

[33]) Deut. 33 25 und Mkr. 155a: nachdem er דבאך als aramäisch
für זב erklärt, sagt er: . . . וכן מצינו הרבה לשונות בתורה שהם תרגום
ובנביאים וכן בכתובים und verweist richtig auf Gen. 31.17, Jes. 21.11,
Job 16.19.

[34]) Gen. 26.35: רוח מל' רו"ל = Wille, 40.12: שריגים vom aram.
שרגא = Licht, das. תרי = חיור weiss, leuchtend und Ps. 89.8: רבה
sei die Uebersetzung von גדול.

[35]) Gen. 11.28 erklärt er, Jes. 24 15 bedeute באורים die Fackeln,
die man zu einer Zeit auf den Bergen Palästinas zur Bekanntmachung
des Neumondes ansteckte; 41.1 sei יאור und נהר aus dem aram.
נהור = Licht abzuleiten.

[36]) Gen. 25.3: חלעיטני מלשון רו"ל סלעיטין את הגמל; Deut. 33.25
(Jes. 21.11: אתא); Gen. 49 3: פחז מל' רו"ל עמא פחיוא; 41.45 bringt
er für ענע Analogie aus dem späteren Sprachgebrauche: מעפנת נעלמים
Zur Lösung der richtig bemerkten Schwierigkeit in Ex. 20.18, dass
Gott ja im Lichtkreise und nicht im düstern Gewölke throne, will
er ערפל mit אפל ערו' erklären. Höchst interessant ist seine Erklärung

Exegese zu weit im Hintergrunde und nur zerstreut unter
der Masse der anderartigen Auslegungen finden wir einzelne
Bemerkungen, welche uns Zeugniss davon ablegen, dass
unser Autor die glänzenden Errungenschaften seiner Lands-
leute auf dem Gebiete der hebräischen Grammatik wohl
gekannt haben mag; dass er mit denselben im Einzelnen
vertraut gewesen sei, lässt sich bezweifeln. Hauptsächlich
Ibn Esra und David ibn Kimchi sind es, durch die er mit
der Grammatik und ihrer Terminologie bekannt wird; er
folgt aber diesen Meistern der hebräischen Sprache in der
Verwendung der Grammatik bei der Schriftauslegung in viel
zu geringem Maasse. (A.) In der Lautlehre spielt bei B.
die Buchstabenverwechslung eine grosse Rolle. Er kennt
die Eintheilung der Consonanten nach den Sprachorganen
und gründet auf die Verwechslung der homogenen mehrere,
theilweise richtige Worterklärungen[37]). Vocale giebt er
einmal nur 7 an, wie diese vor Kimchi angenommen
waren[38]), er kennt aber auch die von Kimchi hinzuge-
fügten[39]). Er beweist an einigen sehr interessanten Beispielen, wie grosses Gewicht auf die richtige Punktation
zu legen sei[40]) und bemerkenswerth sind in dieser Beziehung
seine Erklärungen der talmudischen Controverse (Kidduschin
18b) zu Ex. 21.8: בכנדו בה und (Aboda Sara 10a) zu
Deut. 7.2 ולא תחנם. Die Accente bilden auch den Gegen-

זו ובאור (Ps. 68.9) זה סיני) (בער טלשין ואתונא אזא יתירא :19.24 .Ex zu
(Dan. 3.22) וכן למזא לאתונא; so will Rappaport (השחר II S. 147)
ausser dieser Stelle noch Ps. 76.8: מאו und Ri. 5.5: זו erklären.
Die Erklärung des זו in diesem Sinne kommt jedoch schon im
Midrasch-Tillim vor; s. Reifmann, Magazin V, S. 36: Analekten.
[37]) Gen. 32.25: ויאבק = ויחבק; 36.39: מטרד = מסרת; 39.20:
סוהר = צוהר; 41.43: אברך = חברך (auch bei Ibn Esra z. St.); 47 3;
41.47: לקמצים = לגמצים, wie II. Sam. 15.2: ויצן = ויצו (Kimchi
z. St. bemerkt auch כמו ויעמדו): Mkr. 76a (Jes. 34.19): נעם = לועז.
[38]) Gen. 18 ה: קמץ ראשון לשבע תבועית.
[39]) Das. und Mkr. 139b.
[40]) Gen. a. a. O.: So würde תסםה האף (Gen. 18.24), das ה'
mit Kamez statt mit Patach punctirt den Sinn einbüssen, während
Job 8.3: האל mit Kamez eine Blasphemie wäre.

stand seiner Aufmerksamkeit und er fügt einigemal Erklärungen zu einzelnen auffallenden derselben[41]). (B.) Noch weniger,
als in Bezug auf die Lautlehre, finden wir bei B. genügende und klare Beispiele seiner Kenntniss von der Form-
lehre. Seine Bemerkungen betreffen hier hauptsächlich das
Verbum, das er gewöhnlich nur מלה[42]), manchmal aber
auch פעל benennt[43]). Hinsichtlich der Wirkung unterscheidet
er transitive und intransitive Verba[44]); die Erscheinung,
dass sich der Numerus oft ohne Rücksicht auf das Subjekt
ändert, bezeichnet er als charakteristische Eigenschaft der
Thora[45]), zur Erklärung der Anomalie aber, dass das
Verbum mit dem Geschlechte des Nomens nicht immer
übereinstimmt, nimmt er schon die Kabbala zu Hülfe[46]).
In Bezug auf die Tempora des Verbums sei erwähnt seine
Bemerkung, dass es die Art der prophetischen Rede sei,
statt des Futurums Perfectum zu gebrauchen[47]), ferner die
richtige Auffassung mehrerer Infinitive[48]). Vom Nomen im
Allgemeinen spricht er überhaupt nicht.

Bevor wir diesen Abschnitt schliessen und zur Dar
stellung der übrigen Auslegungsarten B.'s übergehen, dürfen
wir zwei sehr charakteristische und wichtige Seiten seines
Pentateuch-Commentars nicht unerörtert lassen, die unsere

---

[41]) Gen. 7.22: כל אשר ... יש התעוררות גדול בטעמו כי הוא במור גרול
למלכא — נבוכדנצר ;ואין זולתו במקרא; Mkr. 109b hat B. in Daniel 3.16:
wie es sich in der ältesten Bibel-Ausgabe (ed. Bomberg, 1517)
findet, Munach-Rebia, woran er eine agadische Erklärung knüpft.
Ed. Baer hat jedoch Munach-Sakef katan, wie auch die Masora
zu Gen. ה' מלין בתרי טעמי diese Stelle nicht unter denen aufzählt,
die Munach-Rebia haben; vgl. noch Frensdorff, Masora magna,
S. 35, N. 4.

[42]) Lev. 12.1; Deut. 7.2.

[43]) Deut. 33.3.

[44]) Gen. 24.28; Lev. 12.1.

[45]) Deut. 4.29.34, 16.9.

[46]) Gen. 18.28; Ex. 9.4, 28.10; Lev. 11.39; Deut. 32.1.

[47]) Gen. 3.21; Deut. 32.41, 34.1.

[48]) Gen. 23.1: סור in Prov. 15.24; 24.23: ללון; Deut. 32.8: יצב;
33.28: בעיר für בחעיר in Ps. 72.2.

4

volle Aufmerksamkeit verdienen. Die eigenthümliche Art
Bachja's, jede Perikope mit einer Einleitung zu versehen,
gestaltet sich, wie wir darauf bereits hinwiesen⁴⁹), zu
einem ebenso interessantem, wie werthvollem Theile seines
Commentars. Es machen zwar diese Erklärungen den Ein-
druck von Homilien, die B., der Darschan, bei Vorlesung
der einzelnen Wochenabschnitte seinen Zuhörern auch vorgetragen haben mochte und die stets die Absicht, zu
belehren, offenkundig zeigen; diese Auslegung der Proverbien
wird aber von B. für seine Zwecke vorzüglich verwendet
und zu einem intergrirenden Theile seines Pentateuch-
Commentars gemacht. B. äussert seine Ansicht dahin,
dass der weise König in seinen Sprüchen die ethischen
Grundsätze der Thora erläutere⁵⁰); er wiederholt dieselben,
aber erklärend und ergänzend, neue Seiten derselben uns er-
schliessend⁵¹). Die Art Salomo's ist, die löblichen, moralischen
Eigenschaften zu rühmen, die verwerflichen, unsittlichen zu
schmähen; er stellt die scharf gezeichneten Gegensätze
einander gegenüber, um desto besser seine Tendenz in's
Licht treten zu lassen⁵²). Die Sprüche wollen das Volk
belehren und zurechtweisen; damit sie aber recht verstanden
werden, entlehnen sie ihre Bilder stets dem Kreise des
Sinnlichen, um desto fasslicher geworden, ihre Zwecke
sicher zu erreichen⁵³). Deshalb sucht B. einer jeden Perikope
den geeigneten Proverbien-Vers voranzustellen, welcher
dieser gleichsam als Titel dienen kann den Inhalt derselben
mit kurzen Worten charakterisierend. Und dies gelingt
Bachja bei schlichter, nüchterner Erklärung fast immer vor-
trefflich⁵⁴), nur selten kommt es hierbei zur Allegorisierung⁵⁵)

---

⁴⁹) S. oben S. 11.
⁵⁰) Einl. zu ראה 'ס.
⁵¹) Einl. zu וישב 'ס und ואתחנן 'ס.
⁵²) Mkr. 156 a.
⁵³) Einl. zu ויקהל 'ס und נצבים 'ס.
⁵⁴) Einl. zu ויצא findet B. in Prov. 11.11 das Bild der Gegensätze, das des Gerechten und Bösen, wie im Wochenabschnitte in

und Anwendung der verschiedenen Auslegungsarten neben einander[56]). Und wenn vielleicht diese Erklärungen nicht ursprünglich ihm angehören[57]), so hat er sie doch auf originelle Weise verarbeitet und zu Trägern seiner Gedanken gemacht.

Eine zweite auffallende Eigenschaft des Pentateuch-Commentars B.'s ist, dass er, abweichend von seinen spanischen Vorgängern[58]), zur Erklärung der einzelnen Wörter öfters eine Uebersetzung in die landesübliche Sprache anbringt. Die verbreitete Kenntniss der hebräischen Sprache unter den spanischen Juden, hatte nämlich die spanischen Exegeten der Nothwendigkeit überhoben, in ihren Commentaren nebst der Erklärung auch eine Uebersetzung zu geben, wie dies bei den französischen Exegeten für das Bedürfniss ihrer einheimischen Leser geschehen musste[59]). Selbst bei B.,

---

Jakob und Esau. Einl. zu בשלח weist er auf Prov. 17.8 hin: Gott kennt die geheimsten Regungen unseres Herzens und die Prüfungen, die er uns auferlegt sind nur für uns nothwendig, nicht aber für ihn. So die Prüfung mit dem Umwege beim Auszuge aus Aegypten. Einl. zu בלק ist treffend Prov. 14.28 angewendet. Einl. כי תצא knüpft er an Prov. 23.26 und 27 die Lehre gegen Sinnlichkeit. Einl. נצבים giebt er drei schöne Erklärungen des Spruchverses 27,5. Ausser den beiden, deren eine von Josef ibn Kimchi ist (bei David ibn Kimchi ס' השרשים s. r. יכח), die dritte anonym: תוכחת מגולה מאהבה מסותרת. Noch andere treffliche Erklärungen: Einl. zu וירא: Prov. 17.9; Einl. zu משפטים; Prov. 24.23; zu בחקתי: Prov. 24.14 u. s.

[55]) So findet B. in Prov. 15.24 (Einl. zu חיי שרה) das Jenseits zur irdischen Welt in Gegensatz gestellt und den Götzendienst in ihren Verschiedenheiten vom jüd. Glauben charakterisirt in Prov. 9.1—4 (Einl. zu שמיני). Einl. zu במדבר: Prov. 16.12 allegorisirt.

[56]) Einl. zu תולדות und קרח: P'schat, Midr.; zu פקודי: P'schat, Midr., Sechel; zu אמור: P'schat und Kabbala.

[57]) B. benutzte nämlich in sehr ausgedehntem Maasse den Prov.-Commentar des Jona Gerondi; S. Abschn. V.

[58]) Bei Ibn Esra finden wir höchst selten eine Uebersetzung der Wörter, öfters bei Kimchi und Nachmani; s. über den letzteren in dieser Hinsicht: Perles, Geist des Pent.-Comm. etc. (Mtschft. VII, S. 87—88.)

[59]) S. in Bezug auf Raschi: Zunz, seine Zeitschrift, 1823, S.

in dessen Zeit die Blütheperiode der jüdischen Literatur
längst Vergangenheit geworden war und wie er klagt [60]),
die Kenntniss der hebräischen Sprache nunmehr sehr ab-
genommen hat, selbst bei ihm finden wir diese Form der
Erklärung in verhältnissmässig nur geringem Maasse. Das
wenige Material aber, das sein Pentateuch-Commentar bietet,
legt ein schönes Zeugniss für seine ausgebreiteten Sprachkenntnisse ab und wir wollen es hier als ergänzenden Theil
seiner einfachen Schriftauslegung folgen lassen. Nebst der
hebräischen Sprache, in der B. seine Werke abfasste, war
er der arabischen vollkommen mächtig. Er benutzte Werke
im arabischen Originale und fertigte auch kleinere Uebersetzungen aus denselben an, wenn er dies für seine Zwecke
nöthig hatte [61]). Er bedient sich des Arabischen auch zur
Uebersetzung einzelner Wörter uud zwar: Ex. 28,18 über-
setzte er נפך mit זמור'א = زمرّد oder زمرّن = Smaragd;
Ex. 30,23: מור mit אלמוס'ק == المسك = Muscus[62]). Deut. 8,7
erklärt B. aus Ps. 48,3: יסה נוף mit אקלים = اقليم = Clima.
Mkr, 91 b: הנקודה האמצעית תגקרא כלשון ערב נקמ"ה == نقطة =
Punkt und הנקודה הגקרא מרכ"ז היא עמוקה מכל הנקודות, d. i.
مركز = Centrum.

Häufiger als das Arabische gebraucht B. seine Mutter-
sprache, die spanische, zu Wortübersetzungen: Gen. 4,22:
נחשת = אצייר = acéro: Stahl, der sich mit Eisen gut
mischt und aus dem Federmesser verfertigt werden[63]).

---

327 ff. und bei Sam. b. Meir: Rosin, S. b. M. als Schrifterklärer,
S. 92 - 98.

[60]) Gl. u. Vtr. 18b: בע"ה שאין אגו מבינים לשון הקדש אלא בעגין
שאגו שקעים בו.

[61]) Zu Gen. 32.25, ein grösseres Stück aus Ibn Aqnin's Hl.-
Comm. (s. oben S. 31: und Deut. 18.9 einiges aus] dem Briefe
Galenus, s. oben S. 38 A. 2.

[62]) Das. bringt B. auch andere Uebersetzungen des Wortes
nach Nachmani z. St.

[63]) B. zeigt hier eine grosse Vertrautheit mit diesen Metall-

Hingegen ist אראם = arám (neusp. alambre) = Kupfer,
Messing, die Gattung, welche in Jer. 6,28 unter נחשת zu
verstehen ist[64]). Gen. 25,30: האבנים היקרות שכמן הארומות
כנן גרגנ״ק ורוביץ[65]). Ex. 28,17 ist רובי״ן = Rubin die Uebersetzung des Steines אדם; derselbe wird auch, sagt Bachja,
בלא״ש = Balax = rosenfarbener Rubin genannt.[66]) Ex.
das.: סטרה ein grüner Stein, spanisch פרשמיה (ed. Pesaro
פרשמ״א), vielleicht: Prasio =. Smaragdtopas? Ex. das.
ברקת: קרבונקולא = Carbunclo = der Karfunkel. Ex. 28,18:
נפך = טרקא״ד (auch מרקדי geschrieben) = ? Es muss eine
Art Smaragd darunter verstanden werden, da B. das
hebräische Wort noch mit dem arabischen زمرّد wiedergiebt.
Ex. das. ספיר = שפיל״י ·· Safilo (nordspanisch, statt safiro).

Ex. das. יהלום — פירל״ה = Perola =Perle.[67]) Ex. 28,19:
לשם = אשטמ׳ס׳ = Topacio = Topas. Ex. das. שבו =
טורקיז״א = Turquesa = Türkiss. Ex. das. אחלמה = קרשטאל =
Cristal = Krystall, diesem ähnlich, aber röthlich ist ליאמן?
Ex. 20,20: תרשיש == קריאליקא (ed. Pesaro = קריאונליקא) wahr-
scheinlich cornerina (span[68]). oder cornelina (portug.) =
Carneol. Ex. das. שדם = אוניקלי = Onique = Onyx =
Onichel. Ex. das. ישפה = ישפי = Jaspe (lat. Jaspiz).
Num 16,32 übersetzt B. רעש in der von ihm angeführten
Erklärung des Nachmani, der das arab زلزل gebraucht, mit
dem spanischen טרימוט׳ו =· terremoto.

Num. 19,6: שני תולעת bedeutet nach B. die Scharlach-

---

arten; (so das Richtige; ed. Pesaro נחשת במקום הזה הוא הנקרא אצי״ר
und ed. Krakau falsch: אצא״ל) . . . שחבורו עם הברזל עולה יפה.

[64]) Kimchi übersetzt Jer. 6.28 ברזל mit acéro, der B.'s Auffassung eben widerspricht. Im Wörterbuch s. r. נחש erklärt Kimchi
die Mischung von נחשת und ברזל: acéro.

[65]) Ed. Pesaro hat גרנוץ; das entsprechende spanische Wort
konnten wir nicht finden.

[66]) B. giebt das. eine genauere Bestimmung der beiden Stein-
arten: רובין והוא נדל במקומות ידועים בים והוא סלע גדול . . . ורוביב״ו ובלאש״ו
הכל מין אחד ותחיכה אחת אלא שהרובין הוא אדום בתכלית.

[67]) So lautet die alte Form des span. Wortes; s. Diez, Ety-
molog. Wörterbuch der roman. Sprachen, (Bonn, 1887) I.

[68]) Das. S. 109, die alte Form des Wortes.

farbe, welche man aus dem Wurme נראיה = Grana = die
Cochenille, erhält. Deut. 11,2: wird das neuhebräische
Wort טרסק mit קובד"ר == cobdo (neusp. codo) — Ellbogen
übersetzt. Deut. 29,17: ראש = מוסט'ו = tosigo = der
giftige Saft des Eiben- und Taxusbaumes. Mkr. 111 b
benutzt B. das Wort Compas in seiner Erklärung: מחוג
שקורין קאסמאס.

Das Französische kennt B. wahrscheinlich nur durch
Raschi's Commentare, aus denen er mehrere Wortübersetzungen anführt, darunter zwei, welche sich bei Raschi
nicht finden [69]); er benützt sie dennoch zweimal zur näheren
Bestimmung einiger Wörter [70]). Ebenso zeigt er sich mit
Sitten und Gebräuchen bekannt, auf die er zur Begründung
und Veranschaulichung seiner Erklärungen bei Gelegenheit
hinweist. Auffallend ist seine Bemerkung zu Gen. 11,14,
die auf eine Art Blitzableiter schliessen liesse [71]) und nicht
minder bemerkenswerth seine Polemik gegen Christen und
Muhammedaner [72]).

---

[69]) S. Abschn. V.

[70]) Gen. 24.2 bemerkt er, Elieser hatte Lehnspflicht gegen
Abraham אומ"ג=hommage. Ex. 12.8 übersetzt er unrichtig: צלי אש
שקורין רושט"א בלע"ז, denn rotir (altfs. rostir) bedeutet: auf dem
Roste, am Spiesse braten, aber nicht in einem Gefässe.

[71]) Wie dies Somerhausen, Bulletins de l'Academie roy. de
Bruxelles, 1838, Reifmann, Orient 1851, Lbl. S. 641 und L. Löw
in seinem Lehrbuche: Einl. in die heil. Schrift, Gr. Kanischa 1855,
S. 251 glauben; sie lesen in B.'s Text statt הברק — שודעים כח לקשור
לקשור חלק אחד מן הברד. Wie mich Herr Prof. Dr. Kaufmann aufmerksam
machte, findet sich schon bei Plutarch der Begriff χαλαζοφυλαχες und
auch später im Mittelalter; darnach wäre die Leseart הברד beizu-
behalten und B. spräche von Hagelabwehr und nicht von Blitzableiter. Bemerkenswerth ist in dieser Hinsicht eine Tosefta-Stelle,
Sabbath ז 'ם E. (ed. Zuckermandl, S. 118): חנתנת ברזל בין האפרוחים
מפני הרעמים ומפני הברק.

[72]) Deut. 6.4 und Mkr. 82 b gegen die Trinität; Lev. 9.22
gegen eine christliche Auslegung des Verses, wo er bemerkt, dass
trotzdem das כתיב lautet ידו, giebt das קרי richtig ידיו an; es wäre
sonst auch Mehrzahl zu verstehen, ähnlich wie Ex. 17.11, wo ידו

So wie er die Verhältnisse seiner unmittelbaren Umgebung kennt und zu Erklärungen heranzieht[73]), so sind ihm auch Sitten und Gebräuche nicht fremd, deren Kenntniss er nicht seiner Erfahrung, sondern nur seinen Studien oder den Mittheilungen Anderer verdanken kann[74]).

---

steht und V. 12 beweist, dass beide Hände gemeint seien: ויש אומרים בכאן כי אחרון היח נשא את ידו ומרמז בהן [בו .1]. את העם לכאן ולכאן כמה שהם נוהגים על אומתם בתנועת יד ימינם ... ותשובתיט לסכור ... פיהם; Deut. 30.7: על אוביך ועל שנאיך sind Edom und Ismael, auch in den Gänsen des Raba bar Bar-Chana angedeutet; das letztere nur an dieser Stelle, nicht in כח"ק, wie Steinschneider, Polemische und apolog. Literatur etc., Leipzig 1877, S. 362 angiebt). Auch den Vers Jes. 66.17 deutet B. allegorisierend polemisch gegen Christen und Muhammedaner, ausser an dieser Stelle noch Mkr. 47 a (s. Steinschneider, das 229 und 330), ferner Mkr. 107 a besonders gegen mönchische Askese. Deut. 32.21: בגוי נבל אכעיסם זו ... גלות אדום, wo im Texte Bachja's eine Lücke ist.

[73]) Gen. 24.3: אשר לא תקח אשה לבני מבנות הכנעני ... וע"כ הוקבע ... בישראל מנהג לקרות פרשה זו לחתן ביום חתונתו; eine andere Form dieses Gebrauchs, s. Zunz, die Ritus, S. 15. Ex. 22.17: erwähnt er Glocken: יש להם כלי קשקוש שהם מקשקשים בהם על המנדלים שלהם; Ex. 28.31 erklärt er: מעיל וחוא כדמות נלימא שלנו und beschreibt denselben umständlich. Lev. 1.8 פדר, durch Methatesis gleich mit רדף, bedeute das Fett, welches die Eingeweide von einander trennt und auf die Schlachtstelle des Opferthieres gelegt wurde, das Blutige zu bedecken aus Ehrenbezeugung für Gott: רכן חיום מנהג נכבדי ארץ באומות העולם שהם פורשין אותו על הצלי.

[74]) Gen. 38.18: die Erklärung Nachmani's, dass פתיל ein Tuch sei, begründet B. mit Folg.: עד היום מנהג הנכבדים בארצות המזרח היה מנהג בדורות הראשונות בא"ה. Gl. u. Vtr. 26 a: שיפרשו אותו על ראשם כשהיה אחד שולח שליח למי שיהרוג חשליח כתב בכתב סימן אחר שהיה קוראין אותו טיטא ותכף שהיה רואה הכתב היה הורג למי שהביא לו הכתב ההוא; vielleicht ϑ vom griechischen ϑανατος? Culturhistorisch interessant ist seine Bemerkung zu' Ex. 25.23: ומנהג חסידים שבצרפת שעושים משלחנם ארון לקבורה לתורות כי האדם לא ישא מאומה בירו כי אם הצדקה שעשה בחייו והטובה שהוא מטיב על שלחנו. Theilweise anders lautet diese Angabe im ש"א, שלחן, S. 208: והנה באזנינו שמענו ורבים ספרו לנו בגדולים שבכספרד וחאשכנזים בעלי אכסניא שנהגו מנהג נתפשט נכבד מאד בעיניהם מימים קדמונים שהשלחן שלחם שהאכילו עליו את העניים בלכהם לבית עולמים שעושין ממנו ארון ולוחות שנקברים בהם.

VII. Derech hamidrasch oder die agadische Schriftauslegung.

Der Haupteinwurf Ibn Esra's gegen die agadische Schriftauslegung, wozu denn die Midraschwerke excerpieren, können wir ja das Original lesen[1])? hat in vollem Maasse Gültigkeit gegen den „zweiten Weg" des Bachja'schen Pentateuch-Commentars. B. benutzt fast die sämmtlichen Midraschwerke, er führt sie stellenweise wörtlich an und fügt nur selten erklärende Worte hinzu[2]). Er betrachtet jedoch auch ganz richtig diese Art der Auslegung nicht als eigentliche Exegese, sondern als eine homiletisch-praktischen Zwecken dienende. „Die im Exile Schmachtenden mögen an Sabbath- und Festtagen in ihr forschen, dadurch erbaut und ergötzt werden, Trost und Beruhigung finden, indem sie die wechselvolle Geschichte früherer Geschlechter kennen lernen"[3]). Von dieser Absicht geleitet, gewährt B. der agadischen Schriftauslegung in seinem Pentateuch-Commentare weiten Raum und gewiss entspricht sie auch vollkommen der Aufgabe, die er ihr zuweist und für welche sie ihrer Natur gemäss sehr geeignet ist. Wir finden in den Midraschwerken, welche die Denkmäler einer nicht immer glücklichen und ungestörten Vorzeit bilden, alles das aufbewahrt und oft in der anmuthigsten Form dargestellt, was einst das Leben des Volkes, wie die Seele des gläubigen Denkers bewegte. „Die Hoffnungen des

---

[1]) Einl. zu seinem Pent.-Commentare; siehe hierüber, wie in Bezug auf agadische Bibelerklärung im Allgemeinen, Bacher: Abr. Ibn Esra's Einleitung, S. 428—444.

[2]) Wie z. B. Gen. 28.12; Ex. 15.2, 20.7 u. s. Im Allgemeinen ist die Verwendung der Midraschim bei Bachja ein rein äusserlicher.

[3]) Einl. zum Pent.-Commentare; ganz ähnlich, wie Nachmani in seiner Einleitung zu s. Pentateuch-Commentare.

Einzelnen, wie der Gesammtheit, die geklärten Glaubens-
ansichten der Weisen und ihre Sentenzen, als auch die
Sagen und Legenden des Judenthums, dies alles bildet
den reichlichen Stoff der Midraschim, deren emsige Arbeiter
oft mit überraschend feinem Sinne für ihre Ansichten und
Behauptungen die unversiegbare Quelle in der heiligen
Schrift fanden, an deren Worte sie ihre Lehren, wenn
nicht anders, wenigstens anlehnen konnten". In Folge
dieser ihrer Eigenschaft ist auch die agadische Schriftauslegung die Mutter der andern zwei Erklärungsarten, der
philosophischen und kabbalistischen, die Bachja in seinem
Commentar zur Anwendung bringt. Sie zeigte zuerst den
Weg zur künstlichen Ausbeutung der Schriftworte, alles
das in den Buchstaben zu finden, was im Denken und
Fühlen zur Geltung kommt. Bachja betrachtet jedoch die
agadische Schriftauslegung nicht vom exegetischen Standpunkte aus und deshalb haben wir uns mit dieser Seite
seines Pentateuch-Commentars nicht eingehender zu beschäftigen; wir verweisen nur auf die bereits angegebene
sehr reiche Sammlung der Midraschim, die ihm zu Gebote
stand[4]).

VIII. Derech hasechel[1]) oder die philosophische Schriftauslegung.

„Die dritte Erklärungsart der Schrift ist die philosophische Auslegungsweise; sie will ich stellenweise an-
wenden, um zu zeigen, dass unsere Lehre höher stehe, als
die übrigen Wissenschaften. Denn während diese nur Früchte
beschränkten, menschlichen Nachdenkens sind, ist die Thora
von Gott geoffenbart und daher vollkommen"[2]). Von der

---

[4]) Siehe Abschnitt V, S. 25—26.

[1]) Einigemal auch דרך החכמה genannt, so Ex. 24.10; Num. 23.4.9.

[2]) Einl. zum Pent.-Commentare: הדרך השלישי דרך השכל בו אשלח
יד לכתבו במקומות. להורות כי תורתינו כלולה מכל החכמות. כל שאר החכמות
משיגות בדרך עיון ומחקר. ותורתינו מן הקב״ה והיא עקר.

Wahrheit dieser Behauptung ist Bachja voll und ganz
durchdrungen, der gläubige Jude gewinnt in ihm stets die
Oberhand über den philosophisch gebildeten Mann. Wohl
vertraut mit den Ergebnissen der zeitgemässen Philosophie,
ist er weit entfernt, sie gering zu schätzen, er will jedoch
ihre Grenzen der Theologie gegenüber genau bestimmen.
Nur so lange die Resultate philosophischen Denkens mit
den Worten der Schrift und Tradition in Einklang zu
bringen sind, können dieselben auf Beachtung oder Annahme
rechnen; sobald diese aber jenen widersprechen, sind uns
Thora und Tradition maassgebend[3]). Selbst die triftigsten
Beweise der Philosophen können in einem solchen Falle
keine überzeugende Kraft für uns haben, denn wir müssen
fest und unerschütterlich an unsere Lehre und Ueberlieferung glauben[4]). Es ist daher auch nicht gerathen, dass
sich Jeder der wissenschaftlichen Forschung hingebe, „es
könnten manche die Schlacken des Silbers auch für echtes
Metall halten" und dadurch ihren Glauben gefährden[5]).
Eben darum geht Bachja an die Arbeit, darzuthun, dass
die philosophischen Wahrheiten in der heiligen Schrift
bereits enthalten seien, es bedürfe nur der geeigneten
Exegese, uns davon die Ueberzeugung zu verschaffen[6]).
Somit verbindet Bachja mit der dritten Auslegungsart, die
er in seinem Pentateuch-Commentar berücksichtigt einen

---

[3]) Gen. 2.7 und Lev. 18.20.

[4]) Gen. 2.17; noch klarer zu Deut. 10.24; vgl. auch Mkr. 98 b.

[5]) Deut. 30.12: מתך עסק שאר החכמות יבא האדם כרת לידי נטיה
מדרך האמת und noch Mkr. 134 b. Wir können in diesen Aeusserungen
Bachja's den Einfluss seines grossen Lehrers, Salomo ibn Adreth
(s. Abschn. V, S. 28) erkennen. Derselbe sprach diese Befürchtung
aus und nachdem er im Jahre 1805, also kurz nach Abfassung des
Bachja'schen Pent.-Commentars, einen strengen Bann gegen die
rationalistischen Exegeten und philosophischen Agadaausleger ausgesprochen, trug er es auf, Niemand dürfe sich vor seinem 25. Lebens-
jahre mit den profanen Wissenschaften beschäftigen. S. Perles,
Salomo b. Addereth, S. 36 und 46; Grätz, Geschichte VII, S. 257.

[6]) Siehe über diese seine Ansicht oben S. 21.

praktischen Zweck, das Studium der Gotteslehre zu fördern,
indem er Gedanken und Lehren fremder Wissenschaften
als aus den Worte n der Schrift fliessend darzustellen sucht
Und er glaubt auf diese Weise auch einen wahren Schrift-
sinn gedeutet zu haben, wenn er in die Bibel Ansichten
hineininterpretirt, die nicht im geringsten darin enthalten.
sind. Er handelt dabei gewiss nur nach dem Muster älterer
Religionsphilosophen und ganz und gar im Sinne und nach
dem Geschmacke seiner Zeit. Was im Einzelnen von der
anthropomorphistischen Redeweise der Thora gilt[7]), das —
sagt Bachja — lässt sich von den philosophischen Lehren
in derselben im Allgemeinen behaupten. Sie werden nicht
offen vorgetragen, sondern verhüllt in Bilder, die dem
Gesichtskreise unseres beschränkten Wesens entsprechen.
Die Hülle muss entfernt werden, um den Inhalt in seinem
wahren Wesen erkennen zu können, denn sie dient nur
dazu, den schweren Weg zum abstrakten Denken zu er-
leichtern und angenehm zu machen[8]). Ebenso wie das
Kind, das zu lernen beginnen soll, zuerst durch Lecker-
bissen dafür gewonnen wird; dann durch ein schönes Gewand,
später als Jüngling durch das Verlangen nach Ehre und
Ruhm zum Studium angeeifert wird, bis er endlich die
richtige Stufe erlangt und aus reiner Wissbegier den Geistes-
schätzen nachgräbt[9]). Auf diese Weise begründet Bachja
die Verwendung der Allegorese zu seiner philosophischen
Auslegung und will damit sein Verfahren rechtfertigen,
wenn er, nicht selten gewaltsam, den Schriftworten eine

---

[7]) Siehe über diese seine Ansicht, oben S. 42, u. dazu Anm. 18.
[8]) Mkr. 77 b.
[9]) Mkr. das.; dieses schöne Gleichniss hat unser Autor von
Bachja ibn Pakuda, aus Herzenspfl. IV, 4 genommen, wo es auf
andere Weise ausgeführt zur Erklärung der antropomorphistischen
Ausdrucksweise der Schrift verwendet wird. Maimuni (Einl. zu
Sanhedrin) wendet dieses Gleichniss, es aus derselben Quelle kennend,
auf die Verheissung von Lohn und Strafe an. Siehe: Rosin, Ethik
des Maimonides S. 70.

fernliegende Deutung giebt, die er in denselben natürlich
nur nach dem Abstreifen ihrer einfachen Form, d. i. dem
Aufheben ihres schlichten Sinnes finden kann. Er will nicht
über die wichtigen Probleme der Philosophie abhandeln,
sondern die vorhandenen Resultate derselben in den Schriftworten wiederfinden. Er ist kein origineller Philosoph,
bietet auch nicht viel Selbstständiges auf dem Gebiete
der philosophischen Schriftauslegung; in zahlreichen Fällen
begnügt er sich, einfach die Erklärungen früherer Religionsphilosophen zu seinen Zwecken zu verwenden, wie wir
dies nachzuweisen Gelegenheit nehmen werden. Wir wollen
nun die Hauptpunkte seiner philosophischen Auslegung in
bestimmte Gruppen gereiht hervorheben, um so leichter
einen Ueberblick über sein Verfahren und seine Leistungen
auf diesem Gebiete gewinnen zu können.

1. Die Thora macht es selber uns zur Pflicht —
erklärt Bachja[10]) — nach der Erkenntniss Gottes zu streben
und über seine Einheit zu forschen, damit wir uns so
einen rechten Begriff von dem Höchsten bilden können.
Sie giebt aber zugleich die Grenzen unseres Forschens an
und zeichnet unserem Nachdenken den Weg vor. Gott ist
nur aus seinen Werken erkennbar, deshalb beginnt auch
die Bibel mit der Schöpfungsgeschichte, die das wunderbare
Schaffen Gottes in seiner ganzen Grösse zeigt[11]), es hüte
sich aber Jeder Gottes Wesen erforschen zu wollen[12]).
Selbst Mose, dem grössten der Propheten, wurde die Bitte:
Gottes Wesen schauen zu dürfen, abgeschlagen und nur der
andere Theil seines Wunsches: „Lass mich deine Wege
erkennen" erfüllt[13]), denn nicht nur den Menschen, sondern

---

[10]) Deut. 4.49. Diese Auslegung des Verses ist aus Hrzpfl.
I. 3 geholt. Maimuni (Moreh Nebuchim II. 28) giebt dem Verse:
Deut. 6.5 diese Deutung.

[11]) Einl. zu פ' בראשית.

[12]) Deut. 10.35: אחרי ה' תלכו אחר מרתו ואותו תיראו מלחקר מצד
עטותו.

[13]) Ex. 33.13; die erste Bitte wurde Mose verweigert, wie dies

auch den Engeln ist Gottes Wesen unerkennbar[14]). Gleich wie die Sonne nur aus ihrem wohlthuenden Wirken, aber nicht durch Schauen mit dem freien Auge erkannt werden kann, so auch Gott[15]). Gott ist einzig, der Anfang aller Anfänge, selbst ohne Anfang und als solcher schuf er die Welt der Engel, die der Sphären und die sublunarische Welt[16]). Das Verhältniss Gottes zu seiner Schöpfung ist gleich der Stellung der Eins innerhalb des Zahlensystems[17]). Gott ist nothwendig seiend, der Mensch nur zufällig. Wir müssen daher nicht nur zu Folge des Grundsatzes unserer Lehre, sondern auch durch Vernunftschluss dazu geführt, an den Einzigen, unsern Gott glauben[18]). Dann wird unsere erste Pflicht in dem Streben bestehen, unserem Schöpfer gleich zu werden und so das höchste Gut zu erlangen[19]).

2. Alles Erschaffene ist in drei Reiche zu theilen, und zwar in die der Engel, der Sphären und der sublunarischen Welt, wie dies in der Jakobsleiter angedeutet

---

Vers 21 sagt, die zweite erfüllt, nach V. 23. Die ganze Auslegung findet sich: Moreh I. 54 mit dem Unterschiede, dass dort als Antwort auf die erste Bitte V. 18 benutzt wird.

[14]) Einl. zu בראשית 'פ.

[15]) Dieses Gleichniss ist schon bei Bachja ibn Pakuda, Hrzpfl. I. 10 und dann bei Maimuni, Moreh II. 59 in diesem Sinne angewendet. Bachja allegorisirt noch z. St. zu demselben Zwecke Prov. 25.2 und Jer. 9.24; die letztere Stelle jedoch auch nach Moreh III, 54 g. E.

[16]) Diese wunderliche Deutung giebt B. dem ersten Verse der Gen.: מלת בראשית תרמוז הכח הנסתר כי הוא ראשית כל ראשית בלי ראשית והוא ברא תחלח עולם המלאכים שהם נקראים בכתובים אלהים ועולם הגלגלים והם השמים והוא הארץ. Maimuni, Moreh II, 30 deutet והם השמים והעולם השפל והוא הארץ. den Vers theilweise so, aber weniger gewaltsam.

[17]) Die sechs Vergleiche über diesen Punkt entlehnt B. zu Deut. 6 4 einer nichtjüdischen Quelle, den bildlichen Kreisen des Albatlajusi. Mkr. 102a führt er die Stelle aus Albatlajusi wörtlich an, unter der allgemeinen Bezeichnung: חכמי המחקר כוכיחין. Vgl. Kaufmann, die Spuren des Albatlajusi etc., Budapest 1880, S. 45 und hebr. Theil S. 33ff.

[18]) Mkr. 101a und 102b.

[19]) Gen. 1.3; ähnlich Maimuni, Moreh III, 54 und ס' המצות 8. Gebot; vgl. Rosin, die Ethik des M. S. 96ff.

ist [20]). Der Beginn der Schöpfung war das Licht, d. i. die Welt der separaten Intelligenzen; aus ihm sind dann die übrigen Wesen, wie auch Himmel und Erde entstanden. Damit sei aber durchaus Nichts der Lehre von der „Ewigkeit" zugestanden [21]), nicht aus einer Ursubstanz, sondern aus dem vollständigen Nichtsein hat Gott Alles in's Dasein gerufen. Nachdem zu Anfang der Schöpfung die Erde תהו war, gab Gott der Masse, d. i. der ὕλη der Philosophen, die Form, wodurch sie בהו ward [22]). Durch die Form wurden die vier Elemente von einander gesondert und jedes nahm seine ihm zugewiesene Stelle ein [23]). In dieser so geordneten sublunarischen Welt finden wir die Wesen in vier Klassen getheilt, in die der Mineralien, der Pflanzen, Thiere und Menschen [24]).

3. Höher als alle diese stehen die Engel, die rein geistige Wesen, separate Intelligenzen sind [25]). Sie bilden die Dienerschaar Gottes, der er sich in allen seinen Hand-

---

[20]) Gen. 26.15; seine Quelle giebt B. in Moreh II. 10 an und weist auf Moreh I. 15 hin, wo Maimuni die Jakobsleiter anders allegorisirt. Auch die drei Theile des Heiligthums weisen nach B. auf die drei Welten hin: Ex. 25.8 und Mkr. 155a das dreimalige קדוש ebenso.

[21]) Gen. 1.3; wohlweise fügt B. zu der gewagten Vorstellung hinzu: חנה חמאמר הזה שלם איננו נומה לדעת הקדמות כלל, kommt aber doch in Widerspruch mit seiner anderweitigen Auslegung.

[22]) Gen. 1.2; die Quelle B.'s hierfür ist: Abraham b. Chijja's הגיון הנפש (ed. Freimann, Leipzig 1860) S. 2 ff, wo sich die ganze Darstellung so findet.

[23]) Gen. das; auch Maimuni findet in diesem Verse die vier Elemente angedeutet in den Worten: ארץ, רוח, מים, חשך (Moreh II, 30), während er ארץ in Gen. 1,1, wie nach ihm B., als den Inbegriff der ganzen sublunarischen Welt nimmt. Die vier Elemente findet B. noch angedeutet: Ex. 9.23; Lev. 11.1 und in anderen Bibelstellen, s. Mkr. 100b, 111b, 135a.

[24]) Einl. zu ויקהל 'ס und Mkr. 141b.

[25]) Ex. 25.8; ebenso von Maimuni, Moreh I.49 benannt, von dem B. einige Züge entlehnt. Mehr half ihm jedoch bei der Vorstellung der Engel seine mystische Phantasie.

lungen bedient und die gleichsam im Rathe Gottes sitzt[26]). Die Engel sind beflügelte Wesen, die in der Ausdehnung des Himmels schweben[27]) und auf Gottes Geheiss in menschlicher Gestalt zur Erde steigen[28]). Da sie im Auftrage Gottes wirken, werden sie öfters mit dem Namen des Höchsten bezeichnet[29]) und als seine Boten sind sie auch allwissend[30]). Trotzdem sind sie nicht alle vollkommen. sie bilden zwei Klassen, deren eine frei von allen Gebrechen ist, die andere aber auch in Sünden verfallen kann[31]).

4. Das höchste Wesen der Erde ist der Mensch, „das Siegel der Vollkommenheit"[32]). Er ist in Wahrheit ein Mikrokosmos und die drei Theile seines Körpers entsprechen auch den drei Reichen des Makrokosmos[33]). Nur der Körper ist am Menschen dasjenige, was abstirbt, seine Seele ist unsterblich[34]); jedoch nur die Vernunftseele des Menschen, nicht aber die Thierseele, geschweige denn die Pflanzenseele[35]). Ueber das Wesen der menschlichen Seele

---

[26]) Gen. 1.26 und 11.7.

[27]) Gen. 1.20: . . . וְעוֹף יְעוֹפֵף.

[28]) Gen. 18.2: wie bei Abraham und Lot; stillschweigend polemisirt er hier gegen Maimuni, Moreh II.41 indem er sagt: הכל ממש לא מראה נבואה.

[29]) Gen. 18.12; Ex. 38.7.

[30]) Ex. 28.35.

[31]) Gen. 8.7; als Beweis diene Job 4.18.

[32]) Gen. 1.8; der Gedanke ist entwickelt bei Saadja, אמו"ד, IV, S. 101 (ed. Krakau), dagegen polemisieren Ibn Esra zu Gen. 1.1 und Maimuni, Moreh III,13.14.

[33]) Gen. 1.26: Das Haupt, Sitz des Verstandes, entspricht der Welt der Intelligenzen; der mittlere Theil des Körpers der Sphärenwelt und der Unterkörper der sublunarischen Welt. Ex. 25.10 unterscheidet B. im Menschen im Allgemeinen drei Theile: Geist, Seele und Körper.

[34]) Gen. 28.8; wenn es also Lev. 18.29 von der Seele heisst: ונכרתה, so ist das nicht, wie Ibn Esra und Maimuni wollen, so zu verstehen, dass die Seele zu Nichte wird, sondern sie hat keinen Antheil dort, wo die Seelen der Guten sich befinden.

[35]) Gen. 1.12: Die Pflanzenseele ist die niedrigste, sie dient

sind nämlich die Philosophen verschiedener Ansicht, wenn
sie auch die Unsterblichkeit derselben alle zugeben. Die
einen behaupten, die Seele sei einheitlich und besitze drei
Potenzen; der andern Auffassung nach hat der Mensch drei
gesonderte Seelen: die animalische oder empfindende, die
der Mensch mit den Thieren gemeinsam hat, ihr Sitz ist
in der Leber[36]); die Pflanzenseele, gemeinsam mit den
Pflanzen, die das Gedeihen und Wachsen des Körpers be-
sorgt, sie hat keinen bestimmten Sitz im Körper. Endlich
die Vernunftseele im Gehirne, die allein göttlich ist[37]). Das
Wesen der Seele ist jedoch unerkennbar, so wie das Gottes;
sie sieht alles, ist aber selber unsichtbar[38]). Die Seele ist
von Natur ewig, der Körper von Natur sterblich und ver-
gänglich und jene befindet sich in diesem wie in einem
Gefängnisse[39]). Bald wieder bezeichnet Bachja mit einem
entlehnten Geheimnisse, den Körper als Palast, wo die
Seele gleich einem Könige thront. An dem Palaste hat
Gott fünf Thore geöffnet, d. s. die Sinnesorgane und an

nur dem Körper; deshalb sagt auch die Thora: „die Erde brachte
die Pflanzen hervor" und nicht, wie bei den Thieren: „Gott schuf
sie". Vgl. auch Mkr. 100 b.

[36]) Wie dies die neu-platonisch-plotinische Ansicht behauptet;
an einem andern Orte, Mkr. 142 a, sagt B. im A''gemeinen, die
Potenzen der Seele stammen vom Herzen und von der Leber.

[37]) Die Quelle B.'s für diese Auseinandersetzung, die er Gen.
2.7 an באפיו חיים anschliesst und klarer: Mkr. 195 b ausführt, ist
Abr. b. Chijja's חבון הנפש, S. 11 f. Die erste Ansicht ist die aristo-
telische, die auch Maimuni annimmt vud gegen die zweite, die
platonische, ankämpft. (S. Rosin, die Ethik des M. S. 46, Anm. 1).
Bachja schliesst sich, wie wir sehen, der platonischen Ansicht an
was bei ihm, dem Kabbalisten sehr natürlich ist, da die Kabbala
unter dem Einflusse des Platonismus und Neuplatonismus steht.
S. über diesen Punkt: Frank, die Kabbala etc., S. 189—195; Joel,
die Religionsphilosophie des Sohar, S. 331—349 und noch Kaufmann
die Spuren Al-Batlajusi's etc. S. 6.

[38]) Mkr. 21 a.

[39]) Mkr. 18 a, b.

jedes Thor einen Wächter gesetzt, d. s. die Sinne[40]). Unser Autor sucht nun die Vorstellungen von den Sinnen nicht nur in die Schrift hineinzudeuten, sondern auch für die Rituallehre nutzbar zu machen und „widmet seinen Ausführungen ein schönes Capitel voll religiöser Wärme und philosophischen Geistes in seinem ethischen Hauptwerke."[41]) Drei unserer Sinne — lautet Bachja's Eintheilung — sind intellektuell: Gesicht, Gehör, Geruch[42]), zwei animalisch: Geschmack und Getast[43]). Die göttliche Vorsehung gab dem Menschen mehr intellektuelle, als animalische Sinne, zum Zeichen dessen, dass der Antheil des Geistes am Menschen grösser sei, als der des Leibes. Als Beweis der höheren Dignität der intellektuellen Sinne dient auch die Eigenthümlichkeit der Schrift, dass sie in Anthropomorphismen nur jene, nicht aber die animalischen Gott zuschreibe[44]). Alle unsere Sinne müssen wir in den Dienst Gottes stellen und vor jedem Genusse durch dieselben bestimmte Segenssprüche verrichten, die uns warnen sollen, uns nicht den sinnlichen Genüssen zu ergeben, sondern vielmehr die

---

[40]) Dieses Gleichniss stammt von Bachja ibn Pakuda, Hrzpfl., III.9 (ed. Fürstenthal, S. 114).

[41]) Kaufmann, die Sinne, Budapest 1884, S. 27. Dieses Capitel findet sich Mkr. 68 ff., das auch unserer Darstellung zu Grunde liegt.

[42]) In der Reihenfolge der intellektuellen Sinne gebührt eigentlich — sagt B. — dem Gehör der erste Platz, denn seine Wirkung ist grösser und heilvoller, als die des Gesichtes und verweist auf Schriftstellen: Deut. 6.4 und 26. S. ausführlich diese Ansicht Bachja's bei Kaufmann, das. S. 142, Anm. 8.

[43]) Diese Eintheilung auch bei andern, s. Kaufmann, das. S. 48, Anm. 36. Der Ausdruck für Sinne lautet bei B., wie bei Anderen, חושים und unter dem Einflusse des bereits angenommenen חוש in der Bedeutung: sinnlich empfinden, legt er Koh. 2.25 in diesem Sinne aus.

[44]) So z. Bs. Ex. 8.14: וירא; Deut. 1.84: וישמע; Gen. 8.21: וירח. Hingegen spottet Deut. 4.28 (Pent.-Comm. z. St.) der Götzen, sie haben nicht einmal vier Sinne, wie könnten sie den Menschen, die fünf haben, helfen.

irdischen Freuden auf das richtige Maass zu beschränken⁴⁵).
Wir sollen beim Gottesdienste unsere Sinne gleichsam ausser
Kraft setzen und uns gänzlich der heiligen Aufgabe widmen;⁴⁶)
wir sollen unsere Sinne nur zum Guten gebrauchen, aber
nicht zum Bösen, deshalb ist auch alles zu meiden, was
uns zn Gelüsten verleiten könnte und dadurch zur Vernach-
lässigung der göttlichen Gebote führen würde⁴⁷).

5 Ein Bevorzugter der göttlichen Vorsehung unter den
Menschen ist der Prophet. Wir haben vier Stufen der
Prophetie zu unterscheiden: die wahre Prophetie, die Weis-
sagung durch göttliche Inspiration (רוח הקודש), durch Urim
und Tummim und endlich die himmlische Stimme (בת קול).
Die wahre Prophetie äussert sich in einer gewissen Ekstase,
wobei das Sinnlich-Körperliche fast völlig in den Hintergrund
gedrängt und der Prophet in einen rein geistigen Zustand
versetzt wird⁴⁸). Die höchste Stufe der wirklichen Prophetie
erreichte nur Mose, der sich von den übrigen Propheten
nach Saadja's Ansicht in drei Hinsichten unterscheidet⁴⁹).

----

⁴⁵) Mkr. a. a. O. und 116b; שׂ 214b, wo B. die Gentisse
nach den Sinnesorganen gliedert und die entsprechenden Segenssprüche behandelt. Eine Ausnahme in Bezug auf die Segenssprüche
— s. er — bildet der Tastsinn, da derselbe rein körperlich ist und
der Geist gar keinen Antheil an ihm hat.

⁴⁶) Num. 16.22 dies soll eine Bedeutung des Niederwerfens
beim Gebete sein, wie der Sinn des Schliessens der Beine und des
Faltens der Hände. Vgl. Kautmann, a. a. O., S 23, Anm. 67.

⁴⁷) Aus diesem Grunde ist es verboten Musik zu hören; musik-
feindliche Aeusserungen finden sich auch bei Maimuni, s. Gold-
zieher, Mtschft. 1873, S. 174 ff. und Kaufmann, a. a. O. S., 158,
Anm. 18.

⁴⁸) Lev. 8.8; Deut. 83.8; an beiden Stellen charakterisirt B
die vier Stufen der Prophetie und an der letzteren verweist er noch
auf seine, für uns verlorene Schrift: Choschen Mischpat, welche
dieses Thema ausführlich behandelte. S. oben S. 10.

⁴⁹) Lev. 1.1: מה לשׁון הגאון רבינו סעדיה, dass Mose, im Unterschiede
von den übrigen Propheten, der Prophetie von Gott ohne Vermittler
theihaftig wurde, das Gotteswort nicht in räthselhaften Gesichten,
sondern klar und verständlich vernahm und immer ohne Furcht und
Zagen antwortete.

Die göttliche Inspiration unterscheidet sich von der wahren
Prophetie dadurch, dass der Inspirirte in keinen ausser-
gewöhnlichen Zustand geräth, sondern mit Hilfe des göttlichen
Geistes, der aus ihm spricht, die Zukunft verkündet[50]).
Das Wesen der Urim und Tummim bestand darin, dass
der unaussprechliche Name Gottes[51]) in dem Brustschild
des Hohenpriesters eingesetzt war[52]). Die himmlische
Stimme endlich vernahmen die Weisen des Talmud und die
jeweiligen Frommen Israels; sie ist der Ersatz der Prophetie
nachdem dieselbe mit der Zerstörung des II. Tempels gänzlich
geschwunden war[53]).

6. Die Möglichkeit der Wunder darzuthun findet Bachja
nicht für nothwendig; seiner kabbalistischen, zum Aberglauben hinneigenden Natur ist keines zu gross oder unfassbar. Das Wunder kann nach seiner Ansicht den Welt-
lauf hemmen und die Naturgesetze aufheben, dies
dokumentieren zur Genüge die Wunder, welche um Israels
willen bei seinem Auszuge aus Egypten geschahen; das
Manna und die Wachteln in der Wüste, die Spaltung des
Felsen, der Wasser sprudelte[54]). Dies alles und noch
anderes zeigt klar das unmittelbare Eingreifen Gottes in
die Weltordnung für das Wohl und Heil seines Volkes oder
seiner Auserwählten[55]). Im Gegensatze zu den offenbaren

---

[50]) Num. 12.6 erklärt B. mit Ibn Esra als elliptischen Satz;
vgl. Moreh Nebuchim II. 41.

[51]) Ueber שם המפרש, eigentlich der „ausgesprochene Name", s.
Cassel, Grätz Monatsschrift 1879 S. 73–75.

[52]) Lev. a. a. O.: s. auch Nachmani zu Ex. 28.29.

[53]) Deut. 38.8.

[54]) Einl. zu תשא and פ'. שלח לך.

[55]. Num. 22 28: So wurde, zu Ehren Israels, der Eselin Bileams
die Sprache verliehen. Aus אותה חחייתי folgert B., dass die Eselin,
nachdem sie gesprochen, umgekommen war (vgl. Ibn Esra z. St.
der dies aus ותן schliesst); ebenso der Fisch, welcher Jona ver-
schlang, kam gleich darnach um, weshalb er auch (Jona 2.2' דגה
benannt wird, welches Wort nach Ex. 7.21 nur den todten Fisch
bezeichnen kann. Wenn er dann (das. V. 11) wieder דג heisst,

Zeichen und Wunderthaten, finden wir in der Natur die
geheimen Wunder fortwährend wirkend, die von den meisten
nicht erkannt und für naturgemässe Erscheinungen gehalten
werden[56]). Von dem unumschränkten Glauben an die
Wunder führt nur ein kurzer Weg zum Aberglauben und
Bachja hat denselben durchschritten. Er verleiht seiner
Ueberzeugung Ausdruck, dass es Dämonen gebe, die den
Menschen feind sind[57]). Dieselben sind aus den zwei leichten
Elementen Feuer und Luft zusammengesetzt, wenn sich
diese von einander trennen, kommen die Dämonen um[58]).
Auch giebt es Zauberer, denen die Dämonen dienstbar
sind[59]). Die Kunst der Todtenbeschwörung wurde nur von
Frauen ausgeübt, so wie auch Hexerei[60]). Bachja macht
vier Hexenmütter namhaft: Lilith, Naama, Ograth und
Machlath, deren jede eine Schaar von bösen Geistern unter
ihrem Scepter haben soll[61]). Gegen diese verschiedenen

---

so war dies ein anderer Fisch, der Jona zum zweitenmale ver-
schlang. So trägt Bachja noch Wunder in das Wunder hinein!
Mkr. 91a giebt er die Ansicht Abr. b. Chija's (חגיון חנמש S. 25),
dass der todte Fisch wieder lebendig wurde; damit löst sich der
Widerspruch, den Kirchheim (Geiger, Jüd. Ztschft. IX, S. 144) in
den zweierlei Deutungen Bachja's (?) findet.

[56]) Einl. zu כי תשא und Deut. 7.22; die Quelle für diese Ansicht B.'s ist Nachmani, der von dem Systeme der geheimen Wunder
in der Natur, in s. Pent.-Commentare öfters spricht: Gen. 16.12,
46.15; Lev. 26.8; vgl. Perles, Mtschft. VII. S. 127f.

[57]) Ex. 21.28.

[58]) Lev. 17.6. B. schliesst sich den Ausführungen Nachmani's,
die er noch weiterspinnt, an; Ex. 7.11, ohne die Quelle zu nennen,
sonst Deut. 18.10—11.

[59]) Deut. das.

[60]) Ex. 22.17. Führt eine Beschreibung, wie die Todtenbe-
schwörerinnen ihre Kunst ausüben; sie stellen sich zum Grabes-
haupte des zu Beschwörenden, zum Fusse des Grabes stellen sie
einen Mann und in die Mitte einen Knaben mit einer Glocke
(קשקוש) in der Hand.

[61]) Gen. 4.22: ... וארבע נשי היו אמות השרים; (vgl. dazu Nachmani
zu St.). Die Stelle Bachja's bildet die Quelle des Elia Levita, wie
dies Perles, die Berner Hdschft. des kleinen Aruch (Grätz-Jubel-

Arten Zauberkünstler richtet die Thora ihre eindringlichen verdammenden Worte, sie warnt uns denselben eine wirkliche Macht zuzuschreiben[62]); ein Greuel müssen sie dem Israeliten sein, denn sie sind verhasst vor dem Ewigen.[63]) Und doch misst B. dem „bösen Auge" eine grosse Kraft bei[64]) und wiedergibt eine im hohen Maasse abergläubische Ansicht, die der Institution der Egla arufah zu Grunde liegen soll.[65]) Seinem mystischen Hange gemäss steht bei ihm die Astrologie in grossem Ansehen, er nennt sie „die ausgezeichnete Wissenschaft", deren Lehren in der Thora angedeutet sind und die auch von unseren Weisen anerkannt wird.[66]) Er sucht auch öfters astrologische Vorstellungen in die Schriftworte hineinzudeuten[67]).

7. Im Gegensatze zu den eben gekennzeichneten Verirrungen Bachja's, steht er in der Eintheilung und Be-

---

schrift, S. 27) bemerkt, wo aber „B. b. Joseph" in B. b. Ascher" und die Seitenzahl „ed. Krakau 76b" in 16b zu verbessern ist.

[62]) Deut. 18.11: So ist die Beschwörung Samuel's durch die Hexe von En-Dor mit Saadja und Haya Gaon auf die Weise zu erklären, dass zwar wirklich Samuel erschien, aber nicht in Folge der Kunst der Todtenbeschwörerin, sondern durch ein Wunder Gottes. Das. führt B. noch zwei Erklärungen an: 1. Das Ganze war ein geschickter Betrug der Frau, ein zu diesem Zwecke versteckter Eingeweihte ertheilte die Antwort. [Diese rationelle Ansicht, zwar nicht ganz so, wird von David Kimchi zu I. Sam. 28.24 im Namen des Samuel b. Chofni angeführt; s. darüber: Harkavy, in Berliner's Magazin, 1878, S. 16.] 2. Wer die Kunst der Todtenbeschwörung versteht, kann dieselbe innerhalb 12 Monaten nach dem Ableben des zu Beschwörenden mit Erfolg betreiben.

[63]) Deut. 18.13.

[64]) Gen. 30.27 und Einl. zu כי תשא.

[65]) Deut. 21.1: Aus dem toten Kalbe entsteht ein Wurm, der den unbekannten Mörder aufsucht, wo immer er auch sei, und ihn umbringt. Vgl. über diesen Aberglauben מ׳ לקח טוב z. St.

[66]) Gen. 15.5; Deut. 31.16 und Mkr. 120b. wo er die Astrologie als die in erster Reihe in der Thora angedeutete Wissenschaft bhervorebt.

[67]) Gen. 12.3, 15.5; Ex. 11.4, 32.19, 32.32; Num. 7.84, 23.9; Deut. 18.9.

gründung der biblischen Gesetze auf dem Boden der
nüchternen Religionsphilosophie. Auch da bewegt er sich
auf dem von den Vorgängern geebneten Pfade, schreitet
aber auf demselben selbständig fort. In der Eintheilung
der biblischen Gesetze sehen wir ihn zwischen mehreren
Ansichten schwanken. Hauptsächlich vertritt er die Eintheilung in zwei Klassen: 1. In die der Vernunftgesetze
(משפטים), welche der Mensch vermöge seiner sittlichen und
geistigen Anlagen auch ohne die Thora ins Leben gerufen
hätte, wie über Mord, Raub, Ehebruch, falsches Zeugniss etc.
2. In die der geoffenbarten Gesetze (מצות), die vom
menschlichen Verstande nicht geschaffen worden wären,
wenn nicht Gott dieselben uns gegeben hätte, wie Schofar,
Sabbath, Schwagerehe u. A.[68] Diesen zwei Klassen fügt
er einigemal eine dritte zu, die solcher Satzungen (חוקים),
deren Grund nicht einem Jeden einleuchtend ist[69]. So
wie die Gesetze im Allgemeinen, theilt Bachja speciell die
Verbote der Thora in drei Klassen ein: 1. In solche, deren
Objekte auf die menschliche Natur verlockend wirken;
2. deren Gegenstand Abscheu erregt und 3. in solche,
deren Inhalt die Natur des Menschen nicht in einer der

---

[68], Gen. 1 Anf.: תרי״ג מצות הללו נחלקות לשני חלקים מושכלות ומקובלות
ebenso Num. 15.32; Deut. 7.12. Diese Eintheilung der Gesetze
stammt von Saadja, Emunoth, ed. Krakau S. 79f; er nennt sie מצות
שכליות und שמעיות מ. Auch Bachja ibn Pakuda, (Hrzfl. Einl. ed.
Fürstenthal S. 9b) nimmt diese Eintheilung als für die äusseren
Pflichten geltend an und bezeichnet als andere Abtheilung der Gesetze
die Pflichten des Herzens, Gegenstand seiner Betrachtung. Auch
bei Abr. ibn Daud, Emunah ramah, ed. Frankfurt a. M. S. 75 finden
wir diese Klassen: דתות שכליות und ד׳ שמעיות, der auch die Benennungen
zu rechtfertigen sucht.

[69]) Num. 19.1; die hinzugefügte dritte Klasse ist eigentlich
bereits in den zwei früheren inbegriffen. Aus einem ganz anderen
Gesichtspunkte theilt B. die Gesetze der Thora in drei Klassen
Mkr. 179a: 1. מצוה תלויות בדבור, wie Thorastudium, Gebet; 2. מ׳ תלויות
בלב, wie Gottvertrauen, Glauben an seine Einheit; 3. מ׳ תלויות במעשה
wie Phylakterien, Laubhütte, Wohlthätigkeit u. A.

beiden Arten beeinflusst[70]). Alle biblischen Gesetze, sagt
Bachja, haben ihren Grund; bei den Vernunftgesetzen ist
derselbe fast jedem Menschen klar, da diese ja einem
sittlichen oder gesellschaftlichen Bedürfnisse entspringen[71]).
So z. B. ist das Gebot der Wohlthätigkeit ein der menschlichen Natur entstammendes, denn wie niedrig wäre es,
seinen Mitmenschen in Elend verkümmern zu sehen[72]).
Ebenso ist das Gebot, die veräusserten Besitzthümer des
verarmten Verwandten aus der Hand des Käufers auszulösen
rein auf das Gefühl des Mitleids gegründet[73]). Nicht zu
stehlen, nicht zu morden sind Gesetze, die ebensowenig
einer Begründung bedürfen, wie das Gebot: Ehre Vater
und Mutter, deshalb kann sie auch die Thora so kurz
fassen[74]).

Nicht so offenkundig und Jedem fassbar ist der Grund
der einzelnen geoffenbarten Gesetze, die Gott seinem Volke
zu dessen Veredelung und Heiligung ertheilte[75]). Wir vermögen aber durch Nachdenken und Forschen auch den
Zweck und Grund dieser zu entdecken. So unternimmt
Bachja oft diese schwere Aufgabe, deren Lösung zuerst
sich Maimuni gestellt, und sie gelingt ihm manchmal vorzüglich. Es ergiebt sich — meint Bachja ganz rationalistisch
— als natürlicher Grund des Sabbath das Bedürfniss des
Menschen nach Ruhe; so wie der unentbehrliche Schlaf
täglich Erfrischung bringt, so soll auch der Sabbat Erholung
verschaffen, dem Körper und Geiste zugleich, von der mühe-

[70]) Deut. 12.23; Bsp. 1. עריות, גזל; 2. ושרצים דם אכילת; 3.
כלאים, שעטנז
[71]) Mkr. 77b.
[72]) Gen. 18.21.
[73]) Lev. 25.25.
[74]) האמונה והבטחון ס׳ S. 25b; Mkr. 36b, 104b.
[75]) Deut. 22.17; Mkr. 152b: erst durch die Ausübung der geoffenbarten Gesetze wird Israel zum Volke Gottes, deshalb sind
auch nur bei der Ausübung dieser und nicht der Vernunftgesetze
Benedictionen zu verrichten.

vollen Arbeit der Woche[76]). Verschiedene Gesetze bezwecken
die Hebung unserer sittlichen Kraft, die Einschränkung und
Bezähmung unserer Begierden. Das Gesetz der verbotenen
Speisen soll uns davor schützen, in dem Genusse angenehmer
Speisen und Getränke ein Ziel unseres Strebens zu suchen[77]).
Derselbe Gedanke liegt dem Gebote des Fastens zu Grunde[78]).
Bescheidenheit und Demuth soll uns lehren das Verbot,
die Raubvögel nicht zu geniessen; denn gottgefällig ist nur
das sanfte Gemüth, nicht das gewaltthätige, das Andere
verfolgt[79]). Gottes Allmacht waltet überall, die von ihm
bestimmte Weltordnung ist die beste und Niemand darf es
wagen dieselbe durch sein Eingreifen zu stören. Aus diesem
Grunde ist das Verbot der Mischsämereien ertheilt worden[80]).
Aus ähnlichem Grunde ist verboten, den Muttervogel sammt
den Küchlein zu fangen, denn man könnte dadurch manchmal
der Gattung ein Ende bereiten[81]). Eine ganz rationalistische
Auffassung bekundet Bachja in der Grundangabe der Levirats-
ehe; sie bezwecke nur, das Vermögen der Familie zu erhalten,
damit kein Fremder Herr über Frau und Güter des Ver-
storbenen werde[82]). Aber auch an gekünstelten Erklärungen

[76]) Ex. 20.8; eine ebenso freie Anschauung bekundet B. in der
Begründung dessen, dass der 7. Tag der Sabbath sei: יום שיחיה מח
שביעי ולא 'יום ששי שהשבועה חוא חקף אמצעי מן חחקפים ומצות רבות
בחורה סובבות על אופן המספר חזה ואע״פ שהשבכת מקובלת ושורש התורה
.והאמונה בנויה עליה חנה זה מדרך חשכל אפשר לחאמר בו
[77]) Lev. 11.44; ähnlich Maimuni, Moreh II. 48.
[78]) Mkr. 195b; vgl. über Gebet: Gen. 25.21; Mkr. 30a, 193b;
ש״א 214a.
[79]) Lev. 11.13. Oefters weist B. die Grundangabe Maimuni's
zurück, so Lev. 1.9: dass die Opfer nur ein dem Heidenthume
gemachtes Zugeständniss seien, mit dem Hinweise auf Gen. 8.21.
S. Nachmani, Lev. z. St., der Maimuni für diese seine Ansicht
scharf tadelt.
[80]) Lev. 19.19; ähnlich Nachmani z. St. Maimuni, Moreh III,
85, 37 will das Verbot auf eine heidnische Sitte zurückführen.
[81]) Deut. 22.7.
[82]) Deut. 25.9; Bachja giebt hiermit ein sehr interessantes
Beispiel, wie er den nüchternen Denker von dem mystischen Kabbalisten

lässt er es bei der Grundangabe der einzelnen Gesetze
nicht fehlen[85]).

IX. Derech hakabbala oder die kabbalistische Schriftauslegung.

Wie die Philosophie oder besser die philosophische
Schriftauslegung des jüdischen Mittelalters, so will auch
die kabbalistische Auslegungsweise den Hintergrund der
Schriftworte erforschen, ihren tiefer liegenden Sinn an's
Tageslicht bringen. Beide betrachteten das Schriftwort
nur als äussere Hülle, hinter welcher der wahre Gedanken-
gehalt verborgen liegt. Um diesen fassen zu können und
klar zu legen, greifen beide Richtungen zu dem gefährlichen,
dem leicht ausartenden Hilfsmittel der Allegorese. Sie
behaupten dabei die Schrift selbst zu erklären, wenn sie
philosophische oder kabbalistische Ansichten, als „inneren
Sinn" in die Schriftworte hineintragen. Die Allegorie
beider Richtungen geht nämlich von demselben Gesichtspunkte aus, dass die Schrift unmöglich nur das besagen
wolle, was ihr Wortlaut bedeutet, sie müsse neben dem
einfachen Wortsinne noch andere Auslegungen zulassen.
Es erschien ihnen zu dürftig und unzulänglich in dem
„Worte Gottes" nur einen Sinn zu finden, erst die Ent-
deckung eines mehrfachen Sinnes konnte sie befriedigen.
So sahen wir, wie Bachja diesem Gedanken Ausdruck ver-
leihend in seinem Commentare der philosophischen Schriftauslegung einen bestimmten Platz angewiesen hat und so
finden wir ihn, von denselben Prinzipien geleitet, einen

---

in sich trennen kann. Als kabbalistischen Grund der Schwagerehe
nimmt er nämlich die Seelenwanderung an. S. w. u. S. 82.

[85]) Ex. 23.19 weist er Maimuni's Grund als nichtssagend zurück
und giebt selber einen noch fernliegenderen, dass nämlich der Grund
des Verbotes, Fleisch in Milch zu kochen ein physischer sei; die
Milch entsteht aus dem Blute des Thieres und wenn sie jetzt mit
Fleisch zusammen gekocht wird, erhält sie die Natur ihres Ursprungs
zurück und erzeugt durch ihren Genuss Stolz und Hochmuth.

vierten Weg zur Erläuterung der Schrift einschlagen, den
der Kabbala. Doch während er die Philosophie als der
jüdischen Gesetzeslehre untergeordnet betrachtet wissen
will[1]), ist bei ihm die Geheimlehre hochgeschätzt, als
solche, die Licht und Gotteserkenntniss verbreitet. Sie
erschliesst die tiefen und erhabenen Geheimnisse, welche
die Schriftworte in sich bergen[2]). Denn nicht zu bestreiten
ist es, meint Bachja, dass die Worte der Thora ausser
ihrem einfachen Sinne, der allen offen ist, noch einen
mystischen enthalten, der nicht einem jeden zugänglich
ist[3]). Die Wissenschaft der Kabbala soll aber nur auf
den Kreis der ihrer Würdigen beschränkt bleiben, daher
ist es auch nicht immer gestattet, die durch ihre Hülfe
gewonnenen Resultate dem Laien zu erschliessen[4]). Diese
Prinzipien vor Augen haltend macht sich Bachja an die
Aufgabe, die Thora kabbalistisch zu erläutern oder richtiger
gesagt, die kabbalistischen Lehren biblisch zu begründen.
Als Muster und Führer auf diesem Gebiete dient ihm der
grosse Nachmani, der als erster die kabbalistische Auslegungsart in seinem Pentateuch-Commentare zur Anwendung
brachte, wenn auch nur in geringem Maasse und in dunklen

---

[1]) Siehe oben: Philosoph. Auslegung, S. 58.

[2]) Einl. zum Pent.-Comm.: דרך חרביעי הוא דרך יי חדרך ישכון אור.
B. nennt diese Richtung: דרך הקבלה und unter dieser Einführung
giebt er im Commentare die kabbalistischen Auslegungen. B. unterscheidet nicht die zwei Arten der mystischen Auslegung, welche in
der Zusammenfassung פרד״ס als רמז und סוד ihren Platz fanden und
die auf christliche Muster zurückzuführen sind. S. Näheres in der
jetzt erscheinenden Abhandlung des Prof. Dr. Bacher: Die Exegese
des Sohar in der Revue des Études juives.

[3]) Ex. 13.1.

[4]) Einl. zum Pent.-Comm. פעם אבאר ופעם ארמו; oft bricht er ab:
ותגח זח מן חדברים הנמצעים oder איגו רשאי לחרחיב בהם ביאור, Gen. 8.8;
Ex. 28.19, 25.10; Num. 10.35; Deut. 38.25. Er wirft sogar einmal
Nachmani vor, in der Enthüllung des kabbal. Geheimnisses zu weit
gegangen zu sein: Gen. 24.1: ורמבכ״ן ד״ל גלתו בפירוש וחרחיב בו ביאור
יותר מראי; ein anderesmal will er andeutend erklären, was Frühere
verschwiegen: Ex. 16 28.

Andeutungen, nicht offen und deutlich, wie Bachja, der zu seiner Schule gehört[5]). Das Wesen der Kabbala Bachja's besteht, wie bei den übrigen Kabbalisten dieser Periode, in der Sephiroth-Lehre. Der Sohar, erst zu jener Zeit entstanden[6]), hatte sich die Kabbala, welche eben erst zu blühen begann, noch nicht unterworfen und die Kabbalisten dieser Zeit stehen noch nicht ausschliesslich unter dem Banne seiner Richtung. Die Haupterkenntniss-quelle Bachja's für die Kabbala sind das Buch Jezirah und das Buch Bahir; er benutzt auch die Werke früherer kabbalistischer Autoren[7]) und oft beruft er sich auf mündliche Ueberlieferungen der Kabbalisten (בעלי הקבלה) seines Vaterlandes[8]), wie einmal auf eine Ueberlieferung aus Deutschland[9]). Wir finden bei Bachja nicht den krassen Mysticismus der praktischen Kabbala, sondern rein die Lehren der speculativen ausgeprägt; aber dieser Art der Geheimlehre ergiebt er sich mit ganzer Seele. Er ist der Ueberzeugung, dass einzelne Schriftstellen nur auf kabbalistische Weise verstanden werden können[10]), denn nur der Kabbala wird es möglich, die anscheinend nichts be-

---

[5]) Ueber die Kabbalisten-Schule des Nachmani, s. Landauer, Orient 1845, Ltb. S. 225 und Jellinek, Btr. II. 47—49.

[6]) Ueber diese Entstehungszeit des Sohar, die nunmehr fest-steht, s. Frank, a. a. O. S. 66—82; Joel, a. a. O. S. 72ff; Jellinek, Moses b. Schem Tob und sein Verhältniss zum Sohar, Leipzig 1851.

[7]) S. oben.

[8]) Gen. 49.18; Ex. 18.15, 16 26, 17.16, 23 20, 25 16, 34.6; Num. 6 24. 12 3, 23.2, 25.12.

[9]) Num. 6.24: קבלת אשכנו קבלתי.

[10]) Gen. 18.8: dass die dem Abraham erschienenen Engel bald כלאכים bald אנשים benannt werden; sie waren in der That beides, Emanationen der göttlichen Attribute in Menschenform gekleidet: משכילי האמת יקראוהו מלבש; nur auf diese Weise ist auch das Reden der Schlange (Gen. 3.1) und das der Eselin Bileams zu verstehen. Ferner Ex. 4 11: warum Lea ihren ersten Sohn Reuben, nach dem Gesichtssinne und erst den zweiten Simeon nach dem Gehör, nannte, da doch das Gehör der vorzüglichere Sinn ist. Die einzige Antwort darauf ist die kabbalistische, das Gesicht stamme vom Buchstaben ה

sagenden Worte auf ihren wahren Gehalt zu erkennen; sie allein findet in den scheinbar geringfügigsten Stellen ebenso den tiefen, geheimen Sinn, wie in den wichtigsten Satzungen der Thora[11]). In der Anwendung dieser Theorie bei seiner kabbalistischen Auslegung zeigt Bachja oft ein gewaltsames Verfahren, er muss die kabbalistischen Lehren in dem Schrifttexte finden und seien sie auch nur mit einem Buchstaben angedeutet[12]), er sucht und findet in ihm Geheimnisse, die er als wichtige Ergebnisse seiner Erläuterung betrachtet[13]). Neben der Sephirothlehre, welche in Bachja's kabbalistischer Exegese die erste Stelle einnimmt, wollen wir einzelne bemerkenswerthe Punkte, die ihn auch viel beschäftigen, zu erörtern suchen; so die verschiedenen Gottesnamen in ihren charakteristisch-mystischen Bedeutungen, die zwiespältigen Ausflüsse der Gottesnatur, die Seelenwanderung und die Darstellung der jenseitigen Welt, um dadurch die Schriftauslegung Bachja's auch von dieser, zwar unnatürlichen, aber nicht uninteressanten Seite zu charakterisiren und näher zu beleuchten.

1. Wie kann das göttliche, vollkommene Wesen

---

des Gottesnamens, das Gehör vom ו desselben, also das zweite in dieser Reihenfolge. Vgl. noch Num. 6.11, 16.26. 20.12.

[11]) Dies der Sinn der folg., nicht ganz klaren Worte; Gen. 38.31: ולדרך הקבלה אתה צריך לדעת כי אין הפרש בין פסוק היחוד והוא פסוק שטע לפסוק ותמנע ואין הפרש בין פסוק ואלה חמלכים ופסוק ושם אשתו מהטבאל לפרשת ויסע מלאך האלהים ועשרת הדברות כי הכל ענין אחר וקשור אחר.

[12]) Wie wir dies w. u. zeigen werden. In diese Kategorie seiner Deuteleien gehört auch die Anwendung der Buchstabenversetzung, die bei B. verhältnissmässig selten zu finden ist; so Gen. 15.17 תגור nach der Ordnung א"ת ב"ש, wie die Ausgg. lesen; der Supercommentar נפתלי, ed. Ferrara 1556, hat z. St. א"ת ב"ש und bringt so aus dem Worte ספר = מטטרון מטטרון heraus. Ex. 21.10 auch א"ת ב"ש. Zahlendeutungen finden wir bei B. auch nur einigemal.

[13]) Charakteristisch sind diesbezüglich seine Extortationen vor oder nach den kabbalistischen Erklärungen; Gen. 49.26: פקה שכלך וראה, Ex. 20.1; Bezeichnungen wie והוא סוד oder מסתרי התורה וחענין; vgl. Gen. 3.15, 6.6, 32.4, 38.5, 44.3; Num. 28.15; Deut. 15.4, 20.5, 25.8 u. s.

mit der begrenzten, unvollkommenen Materie in direkter
Verbindung stehen? Auf was anderes aber, als auf die un-
ausgesetzte, göttliche Vorsehung und Weltregierung ist die
wunderbare Ordnung und Leitung der ganzen, grossen
Natur zurückzuführen? Dieser Gedanke führte die Kabbala
auf die Lehre der Sephiroth, auf „die Annahme, dass
Gott zwar der Natur bestimmte Gesetze gegeben und die
unmittelbaren Ursachen nach diesen Gesetzen wirksam
sind, dass diese Wirksamkeit aber niemals vom göttlichen
Willen unabhängig sei, vielmehr die Absichten Gottes, wie
seine Mitwirkung bis auf die kleinste Veränderung der
Natur sich erstrecken, und dass jede Naturwirkung eben-
sowohl mit der göttlichen Absicht übereinstimme, als aus
seiner Allmacht fliesse"[14]). Die Kabbala nennt dies ein
Zusammentreten Gottes mit der Welt. Aus seinem göttlichen Wesen strahlt Gott die Potenzen, Sephiroth, aus,
vermittelst derer er auf die Welt und ihren Lauf einwirkt,
so wie er ihre Schöpfung bewerkstelligte. Bachja hat die
so entwickelte Sephiroththeorie von seinen Vorgängern
übernommen und sucht nun dieselbe in die Schriftworte
hineinzuinterpretieren. Er findet die Sephiroth in sehr zahlreichen Stellen der Thora angedeutet[15]), gleich im ersten Verse
der Genesis alle zehn. „Die Ursache der Ursachen", die
weder als „Seiend", noch als „Nicht-Seiend" bezeichnet
werden kann, ist der En-Sof, der Unendliche, der die zehn
Sephiroth aus sich ausgestrahlt hatte[16]). Die erste
Sephira entstammt dem En-Sof, sie ist die Krone,
heisst aber auch אין: Nichts, weil sie keiner Weisheit
erreichbar ist[17]). Aus ihr entspringt die zweite, die Weisheit

[14]) D. H. Joel, a. a. O., S. 181.
[15]) Gen. 2.2.8.9.10, 5.1, 7.22, 32.10, 48.15; Ex. 25.8, 80.19,
31.18, 82.32. 40.34; Num. 6.25, 8.2, 23.4; Deut. 32,4 u. s.
[16]) Gen. 1.1 entwickelt B. seine Sephiroththeorie anschliessend
an die Worte des עשר ספירות בלי מה :כ' יצירה.
[17]) Ursprünglich ist אין, wie dies B. gebraucht, der Name der
ersten Sephira, später wird auch der En-Sof. damit benannt; s.
Joel, a. a. O. S. 323, Anm. 2.

durch welche im Vereine mit der dritten, dem handelnden
Verstande die Welt erschaffen ward[18]). Die Sephiroth
sind nämlich Werkzeuge des göttlichen Willens oder Attribute
Gottes[19]). Mit den Attributen berieth sich Gott, als er
den Menschen in der von ihm vorher bestimmten Form
erschuf[20]). Diese Form entspricht auch in ihren Bestandtheilen den einzelnen Sephiroth. So der Kopf der Krone,
das Gehirn der Weisheit, die Zunge dem Verstande, die
beiden Arme der Gnade und Stärke[21]); somit repräsentirt
der Oberkörper die fünf oberen Sephiroth, der Unterkörper
sodann die fünf unteren[22]). Trotzdem die Sephiroth der

---

[18]) Gen. das.; treffend wendet B. auf den Ursprung der zweiten
Sephira den Vers Job 28.12 an (auch Einl. zu וארא 'פ). Die
einzelnen Sephiroth findet B., genug charakteristisch für seine
kabbal. Auslegungsweise, folgendermassen angedeutet: Die erste
Sephira, die Quelle der übrigen, braucht nicht direct angedeutet zu
sein, denn wir dürfen ihr nicht nachforschen; ראשית ist nach Prov. 8.7
= חכמה, d. i. die zweite; אלהים התשובה והוא ברא d. i. תשובה oder
wie sonst בינה: die dritte; in den beiden Partikeln את sind die
IV. גדולה = Grösse und V. גבורה = Stärke, im Worte חשמים die
VI. תפארת = Schönheit und die zwei Säulen: VII. נצח = Triumph
und VIII. הוד = Glorie, wie auch die IX. צדיק יסוד = Basis angedeutet; oder aber die drei letzteren in dem ו des ואת. Von der
zehnten Sephira מלכות = das Reich, spricht B. nicht. In Bezug
auf Benennung und Anordnung der Sephiroth, vgl. Frank, a. a. O.
S. 127 und Joel a. a. O., S. 216f.

[19]) Ex. 34.6: מדות כלים או מקפלים. B. vertritt damit die Ansicht
des Haya Gaon, den er auch anführt, (s. Abschn. V S. 26—27) das.
Sephiroth und Attribute identisch seien. Die 13 Attribute entsprechen in einer bestimmten Gruppirung den 10 Sephiroth.

[20]) Gen. 1.26.

[21]) Gen, das.: זרועתיו של אדם לימין ולשמאל כנגד תחכמה ist in dieser
Fassung unmöglich; richtig bemerkt der Supercomm. נתולי' S. 8a:
מעות בגירסא בספרים וצ"ל כן: חזרועות חם חסד ונבורה ויקראו זרועת עלם.

[22]) B. hat die Sephiroth in zwei Gruppen getheilt: חמש ספירות
עליונות und חמש ס' תחתונות, nicht je drei wie der Sohar und die
späteren Kabbalisten. (S. Joel. a. a. O., S. 288). Die Symbolisirung
der Sephiroth in der menschlichen Figur hat auch der Sohar, jedoch
mit einigen Anmerkungen. (S. Frank, a. a. O., S. 147).

Zahl nach zehn sind, bilden sie als Emanation der göttlichen Kraft ein einheitliches Ganzes[22]). Die Ordnung der Emanation ist: Vom Höchsten kommt die Emanation in die Attribute oder Sephiroth, diese theilen dieselbe den getrennten, geistigen Intelligenzen mit, welche dann die Emanation zur sublunarischen Welt vermitteln, die somit ganz Ausfluss derselben ist[24]). Wenn es also bei der Sintfluth heisst: „Und er vertilgte alles Wesen" so bedeute dies, dass die Emanation feierte; die geistigen Potenzen emanirten nicht nach unten denn sie empfingen nichts von oben und nur Gott blieb über der Sintfluth unverändert, wie früher[25]). Mose wollte Gott, die Quelle der Emanation, schauen, seine Bitte wurde aber nicht gewährt und er konnte nur die Wirkung der Emanation erkennen[26]).

2. Zu der Lehre der Sephiroth tritt eine seltsame Idee hinzu, die in einer noch seltsameren Form ausgedrückt wird. Bevor Gott diese unsere Welt, die vollkommenste und beste, erschaffen, hat er mehrere Welten durch das Attribut der Strenge hervorgebracht und wieder untergehen lassen, wie dies in dem Bibelverse Gen. 36,31 an-

---

[22]) Ex. 25.31.

[24]) Gen. 18.2.

[25]) Gen. 7,22; gelungen verwendet Bachja als Beleg seiner Behauptung den Psalmvers: 29.10 יי׳ למבול ישב וישב יי׳ מלך.

[26]) Ex. 33.19—23; vgl. hierzu die philosophische Auslegung dieser Stelle, oben S. 60, als interessantes Beispiel, wie Bachja ein und denselben Versen verschiedene Deutungen gegeben. Von Emanation spricht er sonst noch: ס׳ האמונה וח׳ S. 15a; Gen. 18.8; Ex. 15.13; Num. 21.17.

[27]) „Diese sind die Könige, die im Lande Edom's herrschten". Die Schrift lässt die Könige Edoms in ihrer Aufzählung nach einander sterben und weist damit — sagt B. — auf den Sturz der nach einander folgenden Welten hin. Bachja giebt diese wunderliche Auslegung der Verse als ein erhabenes Geheimniss: ולא אוכל לפרש כי הדברים עמוקים נעלמים עומדים ברומו של עולם. Diese Idee findet sich an demselben Vers angeknüpft auch im Sohar an mehreren Stellen, poetisch ausgeschmückt und weitergeführt (s. Frank, a. a. O., S. 149; Joel, a. a. O. S. 201f). Bachja mag sie nicht aus dieser Quelle

gedeutet ist[27]). Aber auch diese unsere Welt wird nicht
ewig bestehen, es kommt das grosse Jubeljahr und alles,
was erschaffen wurde, geht unter[28]). Denn alles, was
einen Anfang hat, muss auch ein Ende finden; nur Gott,
der früher als alles dagewesen, bleibt ewig, als Letzter
nach allen Wesen der Schöpfung[29]). Dieser Untergang
der Welt ist aber nicht so zu denken, dass die Erde
wüste wird, wie vor der Schöpfung, sondern es tritt nur
eine Pause in der Emanation ein. Nachdem nämlich die
Welt sechs tausend Jahre, entsprechend den sechs Tagen
der Schöpfung bestanden hat und je eine dazu bestimmte
Sephira ihre Thätigkeit ausgeübt, erfolgt im siebenten
Jahrtausend eine Unterbrechung im Wirken derselben.
Sie kehren alle in den En-Sof zurück, um dann nach Ab-
lauf des Jubeljahres in der verjüngten Welt wieder ihre
Emanationsthätigkeit aufzunehmen[30]).

3. Zwei Principien sind in der göttlichen Natur vor-
herrschend, das Princip der Liebe und das der Strenge.
Die Wirkung der beiden ist grundverschieden von einander
und das eine kann nicht thätig sein, wenn das andere
nicht zurückweicht. So musste das Prinzip der Liebe bei
der Bestrafung des Sintfluthgeschlechtes, bei dem Sturze
Sodom's dem Prinzip der Strenge das Feld räumen[31]).
Das Prinzip der Liebe bilden die männlichen Attribute,
das der Strenge die weiblichen, deshalb finden wir diesen

---

kennen, denn da hätte er nicht nöthig damit so ausserordentlich
geheim zu thun, sondern seine Auslegung gründet sich auf Bereschith
rabba § 9.

[28]) Lev. 85.2 aus den Worten: שבת ליי ושבתה הארץ gefolgert.

[29]) Num, 10.85; denn, argumentirt B., wenn die Welt nie
aufhörte, wie ginge das Wort אף אני אחרון (Jes. 48.12) in Erfüllung.

[30]) Num. das., wo sich B. mit diesem Phantasiegebilde ausführlich beschäftigt.

[31]) Gen. 18.88; diese Principien oder Eigenschaften der göttlichen
Natur will B., nach seiner Art, oft in einzelnen Worten oder
Buchstaben der Schrift angedeutet finden; so כ' האמונה S. 15b,
Num. 10.85 u. s.

— 81 —

entsprechend die Gottesnamen in beiden Geschlechtern benutzt[32]). Die verschiedenen Gottesnamen weisen nämlich auf das eine oder das andere Prinzip hin, wie sie andererseits gewissen Sephiroth entsprechend, Beinamen des „Unendlichen" sind. Elohim ist der Schaffende, der die Naturthätigkeit lenkt; Jahwe, der Fortwirkende, womit das Wesen und Urdasein des Unendlichen bezeichnet wird[33]). Dieser Name ist identisch mit אהיה, welcher die zwei ersten Sephiroth in sich begreift[34]), während Elohim der dritten Sephira entspricht, die das Handeln ausdrückt[35]). Ein anderer Gottesname אדני ist aus zwei, je vierbuchstabigen Namen zusammengesetzt, deren einer auf die Ewigkeit und der andere auf das Wirken Gottes hinweist[36]). Es giebt nämlich vier Gottesnamen aus je vier Buchstaben bestehend; drei sind in der Thora ausdrücklich genannt, der vierte nur angedeutet[37]). Ausser diesen giebt es noch Gottesnamen, aus zwölf, zweiundvierzig, zweiundsiebzig Buchstaben bestehende[38]).

---

[32]) So findet er den Gottesnamen weiblich gebraucht Gen. 18.23: חאף תספה; ס' האמונה C. 2. in Lev. 9.4: נראה; Num. 14.16 Ueber die Vorstellung der männlichen, d. i. thätigen Attribute und der weiblichen, d. i. leidenden in der Kabbala, s. Joel, a. a. O. S. 211 ff.

[33]) Gen. 2.4.

[34]) Ex. 3.14, wo B. gegen Nachmani diese Ansicht vertritt.

[35]) Gen. 1.1 (s. auch oben Note 18) und bemerkt zu Gen. 2.4 und Ex. 31.18, dass aus diesem Grunde in der Schöpfungsgeschichte nur אלהים gebraucht werde.

[36]) Gen. 18.3; offenbar meint B. יהוה und אלהים, denn Gen. 1.1 sagt er: חשם חזה שתי מלות אל חם; also das י ausser Acht lassend bekommt er 4 Buchstaben.

[37]) Gen. das.; die drei sind: יהוה, אלהים und אדני, der vierte, sagt er, sei bei der Erzmutter Rebekka angedeutet. Alle vier findet er in Ex. 35.17 und Job 38.6.

[38]) Deut. 6.4; Deut. 18.3 und Gen. 24.16; Ex. 14.19—21, 15.2 wo B. die sich mit der Mystik der Gottesnamen Befassenden בעלי שמות nennt. Sehr oft sucht er in dem Buchstaben ה einzelner Wörter Andeutungen auf den Gottesnamen Jahwe, so Gen. 2.15. 17.5 ס' אחי וחב' 16 b) 28.17, 46.4; Ex. 2.21, 3.10, 26.2, 28.22 u. s.

4. Die pytagoräische Lehre der Metempsychose, die von dem ersten jüdischen Religionsphilosophen als unjüdisch verurtheilt wird[39]), wurde von den Kabbalisten in die Reihe ihrer geheimen Lehren aufgenommen und auch in die Schrift hineininterpretirt. Während Nachmani sich nur stillschweigend dazu bekennt oder seine Ansichten darüber hinter dunkle Andeutungen birgt[40]), trägt Bachja die Lehre der Seelenwanderung klar und unverholen vor. So nimmt er mit anderen Kabbalisten als Grund der Schwagerehe die Seelenwanderung an[41]) und erklärt, dass Mose deshalb nicht um Verzeihung für Korach und seine Anhänger flehte, weil diese die Seelen des Babelthurmgeschlechtes besassen und für die alten Sünden unbedingt büssen mussten[42]). Auch die wundersame Lehre der Seelenschwängerung, auf die — nach Frank[43]) — die modernen Kabbalisten ausser der eigentlichen Metempsychose gekommen sein sollen, finden wir schon bei Bachja[44]).

5. Zum Schlusse wollen wir nur noch einige Züge der Eschatologie Bachja's hervorheben und damit unsere Darstellung seiner eigenartigen Exegese beenden. Die sechs Tage der Schöpfung, sagt Bachja, sind sechs Tausend Jahre, denn ein Tag bei Gott sei Tausend Jahren gleich. Diese Frist ist von Adam bis auf unsere Zeit verstrichen[45]), jetzt im sechsten Jahrtausend wird der Messias erscheinen und zwar im Jahre 1348. Die vollständige Erlösung erfolgt

[39]) S. Saadja, Emunoth, ed. Krakau, S. 137 - 138.
[40]) Siehe Nachmani zu Deut. 25,25 und Einl. zu seinem Job-Commentare.
[41]) Gen. 38 1—8, 46.12; Deut. 25.25.
[42]) Num. 16.29.
[43]) Frank a. a. O., S. 178; das. auch über die Vorstellung der Seelenschwängerung.
[44]) Ex. 34.7: פקד עון אבות על בנים זהו סוד העבור und Deut. 3.26, ויתעבר י"י בי רמז לסוד העבור.
[45]) Eng verwandt ist diese kabbalistische Ansicht Bachja's mit der alten Lehre, die Schahrastani aus der Mystik der Juden seiner Zeit mittheilt: s. Jellinek, Btr. I, S. 58.

aber erst 45 Jahre später, während welcher Zeit sich die
Zerstreuten Israels sammeln werden[46]). Der siebente
Tag entspricht dem siebenten Jahrtausend, d. i. die Zeit
der allgemeinen Ruhe und des ungestörten Friedens, die
Zeit, nachdem der Messias bereits erschienen und die
Todten auferstanden sind[47]). Die Auferstehung ist die
Zeit der Freude, welche die Seele und der Körper zusammen
geniessen. Denn der Körper ist das Werkzeug der Seele,
durch ihn führte sie die guten Thaten aus, daher ist es
nur billig, dass derselbe an dem künftigen Leben auch
theilnehme und der Freude der Auferstehung, die dann
ewig dauert, geniesse[48]). Die wirkliche künftige Welt ist
nach der Auferstehung, aber auch das jenseitige Leben
bis zu diesem Zeitpunkte wird so benannt[49]). Dieses
Leben wird der menschlichen Seele im Paradiese oder in
der Welt der Seelen zu Theil[50]). Jedoch erlangt die
Seele die Freuden des Jenseits, wenn ihr solche bestimmt
sind, nicht gleich nach der Trennung vom Leibe, sondern
nur nach einer bestimmten Frist und nur für eine fest-
gesetzte Zeit. Der Lohn des Jenseits ist uns unbekannt,

---

[46]) Gen 2.3: Diese phantastische Rechnung folgert B. aus
Daniel 12.11; im Jahre 118 des 6. Jahrhunderts, d. i. 1348 erscheint
der Messias, denn zu der Zahl 118 addirt 172 (die Frist, welche
nach Zerstörung des II. Tempels bis zum Jahre 4000 verstrichen,
denn er rechnet die Zerstörung von 68 n. g. Z.) erhalten wir die
Zahl Daniels 290. Der folgende Vers, Dan 12.12 sagt: Heil dem,
der auf das Jahr 335 hofft, daraus folgert B., dass die gänzliche
Erlösung 45 Jahre nach dem Erscheinen des Messias, seiner Berechnung gemäss 1393 stattfinden wird. Mkr. S. 50 b erwähnt B.
ebenfalls dieses Resultat, ohne die Rechnung anzugeben. Ueber
Messiaserwartungen s. Zunz, Erlösungsjahre, Ges. Schriften III,
S. 224—231, wo aber derselbe Bachja's Berechnung nicht aufnimmt.

[47]) Gen. das.

[48]) Mkr. 142a. gestützt auf die Stellen Hhl. 5.2, Job 38.14 und
Dan. 12.53.

[49]) Gen. 1.14.

[50]) גן עדן או עולם הנשמות, ebenso bei Nachmani, שער הגמול, ed.
Ferrara, 1557, S. 12b.

kein Mensch kann denselben erkennen, solange er in der irdischen Hülle ist. Nicht die Thora und nicht die Propheten verkünden uns etwas darüber, denn die Sache ist uns unfassbar.[81]) Dass es aber ein Jenseits, künftige Belohnung und Auferstehung gebe, darüber belehrt uns der Verstand und geben uns auch Schriftstellen Andeutungen. Sie sprechen nicht deutlich, denn diese Fragen sind nicht geeignet für Jedermann klargelegt zu werden, der Einsichtige aber dringt in den Geist der Buchstaben ein und begreift das hohe Geheimnissvolle.[82])

X. Supercommentare zu Bachja's Pentateuch-Commentar.

Welcher Verbreitung und Anerkennung sich der Pentateuch-Commentar Bachja's erfreute, davon geben uns ein schönes Zeugniss die zahlreichen Supercommentare, welche zu demselben angefertigt wurden. Hauptsächlich war es der kabbalistische Theil des Commentars, der die Autoren zur Supercommentirung anregte, da gab es immer was zu erklären oder doch in die Worte Bachjas hineinzugeheimnissen. Nichtsdestoweniger bieten die Supercommentare, von denen zwei durch den Druck zugänglicher sind, manches Interessante und Verwendbare; wir hatten bereits Gelegenheit einen derselben einigemal anzuführen[1]), können jedoch auf dieselben ihrer fast rein kabbalistischen Tendenz halber nicht näher eingehen und wollen sie nur kurz an einander reihen:

---

[81]) Lev. 26.12 und dennoch giebt B. in seinem ש״א ein Bild des zukünftigen Mahles, an dem die Gerechten zum Lohne theilnehmen. Er nimmt dabei die agadischen Ausschmückungen dieses Themas zu Hilfe und lässt auch seine eigene Phantasie frei walten.

[82]) ש״א 225 b ff. Andeutungen findet B. in folgenden Stellen: Gen. 5.24; Lev. 26; Deut. 22.3, 33.9; Jer. 45.17, Ps. 18.36, 84.12.

[1]) Siehe oben S. 76, A. 12 und 78, Anm. 21.

1. Joseph Kastel[2]) verfasste einen Super-Commentar, der uns ganz unbekannt ist, der aber von den späteren Supercommentatoren Bachja's oft benutzt wurde[3]).

2. כאורים על כ״יי, deren Fragmente in einer Oxforder Handschrift sich finden[4]) und in denselben einem R. Samuel zugeschrieben werden.[5])

3. Naftali Hirz Treves b. Elieser[6]) verfasste unter dem Titel נסתולי אלהים[7]) am Anfange des 16. Jahrhunderts einen Commentar zu den kabbalistischen Erklärungen Bachja's und zwar nach den Perikopen geordnet, wobei er frühere Supercommentare derselben Art und andere kabbalistische Autoren oft benutzt.[8]) Er macht auf mehrere Fehler im Texte Bachja's aufmerksam und benutzt auch in seinen Gebetserklärungen die Schriften desselben.[9])

4. Manoach Hendel b. Schemaja,[10]) der auch selber

---

[2]) S. Zunz, z. Geschichte, S. 166, der gar keine nähere Quelle für Kastel angiebt.

[3]) Naftali Treves in seinem Super-Commentar נסתולי (s. No. 3) führt Kastel an zehn Stellen an, stets חרבי יוחיסא קשטיל und zwar: פ׳ שמות S. 16 a (ed. Ferrara 1556); בשלח S. 19 a; שמני S. 25 b; אמר S. 27 b; שלח S. 31 b; כי תבא S. 37 a zweimal und noch 37 b; וזאת הברכה S. 38 b und 39 a. Dann auch vom Supercomm. מעגלי צדק (s. No. 5) benutzt.

[4]) S. Neubauer, Cat. mc. No. 1647. Nach Delitzsch's Angabe, Catal. Leipzig S. 187, Cod. XXI. 2 auch in der Bibliothek zu Halle, Cod. Y, b, 9.

[5]) Neubauer, das., vermuthet מוטוט, was durch Naftali Treves' Anführung bestärkt wird: נסתולי S. 36 b: עכ״ל . . אלמוטוט פירש wörtlich angeführt.

[6]) S. über ihn: Brüll, Jahrbücher I: Das Geschlecht der Treves, S. 101 — 104 und das. II, S. 210: Nachträge.

[7]) Handschriftlich in München No. 403. Zuerst vollständig gedruckt in Ferrara 1556; s. Steinschneider, Cat. Bodl. No. 6620.

[8]) S. Anm. 3; ausser Nachmani, den er einigemal nennt, führt er besonders häufig an Menachem Zion's Ziuni und Recanati

[9]) S. Brüll, a. a. O. und Steinschneider, a. a. O. No. 2085 und 2246.

[10]) Das. No. 6209,

zur heiligen Schrift und zu manchen Talmud=Tractaten
Commentare verfasste,[11]) erklärt ebenfalls kabbalistische
Stellen des Bachja'schen Commentars, jedoch nur zur Genesis,
in seinem Buche: מנח מצא חן.[12])

5. Elija ליאתש beendete im Jahre 1613 seinen Super-
commentar מענלי צדק, worin er zwei andere Supercommentare
von רין und רי"ק benutzt zu haben angiebt.[13])

6. Eliezer Perl b. Abraham Asch aus Prag schrieb
1616 einen Supercommentar, betitelt: פירוש.[14])

7. Zu den mystischen Erklärungen (רמ"ח) Bachja's
machte ein Unbekannter Anmerkungen, die sich auf Genesis
und den Anfang von Exodus erstrecken.[15])

8. Unbekannt ist auch der Verfasser von באור על רבינו
בחיי, der nur bis Gen. 5,2 die kabbalistischen Stellen
Bachja's erklärt und seine Erklärung mit Figuren illustrirt.[16])

9. In der Handschrift des Bachja'schen Pentateuch-

---

[11]) Wie dies sein Sohn, der die Ausg. des Supercommentars
(ed. Prag 1611—12) besorgte, in der Vorrede dazu sagt. S. 7a
beruft sich Manoach auf seinen Commentar zu Daniel.

[12]) Handschriftlich unvollständig in Oxford, Neubauer, Cat.
msc., No. 1828: nach Zunz's Angabe, Additamente zum Leipziger
Catal., S. 319 unter dem Titel באורים Mir lag die ed. Prag aus
der königl. Bibliothek zu Berlin vor, die aber unvollständig ist.

[13]) Neubauer, a. a O., No. 1832. Die Abkürzung רי"ן soll רבי
נחתל, den sub 8 erwähnten Autor und רי"ק gewiss רבי יוסף קשפל
sub 1) bezeichnen.

[14]) S. Zunz, Additam., das., der diese Angabe nach Q. Cat. 1033
macht und dazu bemerkt, es sei das Msc. ein Autograph. Neubauer,
Cat. Msc. hat nichts darüber.

[15]) Neubauer, a. a. O., No. 1753,12.

[16]) S. Delitzsch, Catal. Naumann der Leipziger Bibl., S. 287.
Auf diesen Supercommentar, wie auf den von Salomon Maimun,
machte mich Herr Prof. Dr. Kaufmann aufmerksam, dem ich auch
hierorts für seine freundliche Aufmerksamkeit, die er meiner Arbeit
zuwandte, meinen innigsten Dank ausspreche; wie auch allen, die
das Gedeihen meiner Arbeit irgendwie gefördert haben.

Commentars (Fragm.) zu Oxford, sind Randbemerkungen von יב״ץ.[17])

10. Salomon Maimun, der berühmte, scharfsinnige Kantianer, verfasste auch, in seiner Jugend, einen Super-Commentar zu Bachja's kabbalistischen Auslegungen unter dem Titel אברכך בחיי, der bis zur Perikope חיי שרה reicht.[18])

---

[17]. Neubauer, a. a. O., No. 275.

[18]) S. Geiger, jüd. Zeitschrift IV, S. 192 f. und המגיד XII, S. 143.

Vita.

Verfasser wurde den 7. Januar 1868 in Varpalota (Ungarn, Com. Vesprim) als Jude geboren; genoss daselbst den Elementarunterricht an der jüd. Volksschule von 1874—78. Hernach beendigte er die vier Klassen des Untergymnasiums auf privatem Wege und bestand dann im Jahre 1882 die Aufnahmsprüfung an dem k. Obergymnasium der Landesrabbinerschule zu Budapest, woselbst er auch das Abiturientenexamen machte. Hierauf bezog er im September 1887 die Universität zu Budapest, wo er an der philosophischen Facultät vier Semester hindurch orientalische Philologie, ungarische Literatur und Philosophie getrieben. Gleichzeitig widmete er sich den theologischen Studien an der theol. Facultät der Landesrabbinerschule daselbst. Im Oktober 1889 schied er von der Universitat Budapest, um die Universität zu Breslau zu beziehen, woselbst er zwei Semester hindurch orientalische Philologie und Geschichte der Philosophie hörte. Zu gleicher Zeit war er auch Hörer des jüdisch-theologischen Seminars daselbst.